Hermann Korte

Eine Gesellschaft im Aufbruch

Hermann Korte

Eine Gesellschaft im Aufbruch

Die Bundesrepublik
Deutschland
in den sechziger Jahren

Bibliografische Information der Deutschen Nationalbibliothek
Die Deutsche Nationalbibliothek verzeichnet diese Publikation in der
Deutschen Nationalbibliografie; detaillierte bibliografische Daten sind im Internet über
<http://dnb.d-nb.de> abrufbar.

1. Auflage 2009

Alle Rechte vorbehalten
© Hermann Korte

Lektorat: Frank Engelhardt

VS Verlag für Sozialwissenschaften ist Teil der Fachverlagsgruppe
Springer Science+Business Media.
www.vs-verlag.de

Das Werk einschließlich aller seiner Teile ist urheberrechtlich geschützt. Jede Verwertung außerhalb der engen Grenzen des Urheberrechtsgesetzes ist ohne Zustimmung des Verlags unzulässig und strafbar. Das gilt insbesondere für Vervielfältigungen, Übersetzungen, Mikroverfilmungen und die Einspeicherung und Verarbeitung in elektronischen Systemen.

Die Wiedergabe von Gebrauchsnamen, Handelsnamen, Warenbezeichnungen usw. in diesem Werk berechtigt auch ohne besondere Kennzeichnung nicht zu der Annahme, dass solche Namen im Sinne der Warenzeichen- und Markenschutz-Gesetzgebung als frei zu betrachten wären und daher von jedermann benutzt werden dürften.

Umschlaggestaltung: KünkelLopka Medienentwicklung, Heidelberg
Druck und buchbinderische Verarbeitung: Krips b.v., Meppel
Gedruckt auf säurefreiem und chlorfrei gebleichtem Papier
Printed in the Netherlands

ISBN 978-3-531-16767-1

Come writers and critics
Who prophecy with your pen
And keep your eyes wide
The chance won't come again.
And don't speak too soon
For the wheel's still in spin
And there's no tellin' who
That it's namin'
For the loser now
Will be later to win
For the times they are a-changin'.

Bob Dylan, 1963

Inhalt

Vorwort zur Neuauflage   9

Prolog   11

Einleitung   15

Teil I
Von der Restauration zur Reform – Die demokratische Grundordnung wird auf die Probe gestellt
1. Die Nachkriegszeit geht zu Ende   21
2. Erhard wird Kanzler – und scheitert   24
3. Die Außerparlamentarische Opposition (APO) oder: Der Übergang von der Restauration zur Reform   28
4. Der Schatten des Faschismus und die Notstandsgesetze   34
5. Nicht am Frieden, aber am Vietkong schieden sich die Geister   38
6. Wurzeln und Zielrichtungen der Kritik der akademischen Linken   39
7. Das Testament des Herbert Marcuse: Individuelle Lust statt gesellschaftlicher Leistung   42

Teil II
Bildung wird Bürgerrecht
1. Die Bildungskatastrophe   49
2. Eine neue wissenschaftliche Disziplin entsteht: die Bildungsforschung   54
3. Das Bildungssystem wird reformiert   57
4. „Schule den Schülern" und „Studium ist Opium": Die 2. Phase der Bildungsreform   59
5. Die dritte Phase: Der Numerus clausus als gesellschaftspolitischer Rückschlag   62
6. Auch ein Ergebnis der Bildungsreform: Ausländische Kinder lernen erfolgreich in deutschen Schulen   66

Teil III
Lust statt Frust – oder: Die Befreiung der Sexualität von gesellschaftlichen Zwängen

1	Die Zahl der Geburten steigt und fällt	69
2	Veränderungen hinter den Kulissen	71
3	Unbekanntes wird entdeckt: Die Freuden der Sexualität	73
4	Doppelmoral und eheliche Erotik	74
5	Kinsey und die Folgen	77
6	Informalisierung	79
7	Ein Dritter im Bett: die Gesellschaft	82
8	Die Frauen machen nicht mehr mit	84
9	Ein Ausbruchsversuch: Kinderläden	86

Teil IV
Eine neue Wirtschaftspolitik für das alte Wirtschaftssystem

1	Vom Boom in die Krise	89
2	Die alten Instrumente sind stumpf	92
3	Gastarbeiter als Instrument der Beschäftigungspolitik	93
4	Die Gastarbeiterpolitik verfehlt ihre Ziele	95
5	Stabilität und Wachstum – oder: Von der Quadratur des Kreises	98
6	Eine wirtschaftspolitische Überraschung: Stagflation	100
7	Der Traum von einer neuen Harmonie	101
8	Zwei Hemmschuhe: Außenwirtschaftliche Bedingungen und eigene Bürokratie	104
9	Die Reform der Wirtschaftspolitik ändert noch nicht das Wirtschaftssystem	106
10	Die wirtschaftliche Entwicklung als Teil der Gesamtentwicklung	107

Epilog 111

Nachbemerkungen und bibliographische Hinweise 119

Vorwort zur Neuauflage

Als ich dieses Essay vor 22 Jahren erstmals veröffentlichte, war die Erinnerung an die 60er Jahre schon verblasst. Übrig geblieben war der Mythos von der „Studentenbewegung" oder den „68ern". Die Fokussierung auf diese Erinnerungskürzel verstellt den Blick auf die Gesamtentwicklung, denn die 60er Jahre waren von großer Bedeutung für die folgenden Jahrzehnte. Es war die Zeit, in der aus Nachkriegsdeutschland erst die Bundesrepublik wurde. Diese Jahre nur mit der Studentenbewegung gleichzusetzen, war und ist wenig geeignet, um die Veränderungen zu verstehen, die sich in der Gesellschaft insgesamt vollzogen. Schon die simple Tatsache, dass es erst einmal Studenten geben musste, die massenhaft protestieren konnten, steht dem entgegen. Die 5% eines Jahrgangs, die Anfang der 60er Jahre Abitur machten und damit fast sicher einen Studienplatz mit entsprechendem akademischen Abschluss und nachfolgender Karriere vor Augen hatten, wären wohl kaum so massiv dem so genannten Establishment entgegen getreten.

Nach dem 26.April 1986 (Tschernobyl) und der Öffnung der Mauer am 9. November 1989 begannen weitere soziale und politische Veränderungen, die die Erinnerung an die wichtigen 60er Jahre fast gänzlich verschwinden ließen. Kenntnisse über die sozialen Bewegungen dieser Jahre sollten sich zumindest Sozialwissenschaftlerinnen und Sozialwissenschaftler bewahren, denn die damals begonnen Veränderungen wirken bis heute nach. Soziologische Untersuchungen der gegenwärtigen Verhältnisse sind stets wichtig. Aber die Frage, warum sich die Gesellschaft so und nicht anders entwickelt hat, sollte auch gestellt werden.

Aber auch ganz allgemein kann in der Krise am Ende des ersten Jahrzehnts des 21. Jahrhunderts das Wissen um Ausmaß und Gründe der wirtschaftlichen, sozialen und politischen Krisen in den 1960er

Jahren zu einem besseren Verständnis und angemessenem Handeln beitragen. Bürgerrechte, Bildung, Sexualität, Wirtschaft sind zentrale Themen des aktuellen politischen Diskurses, bei denen ein „Blick zurück" durchaus lohnt.

Es freut mich, dass der VS Verlag Sozialwissenschaft den Text noch einmal publiziert. Für sachkundige Gespräche und stets hilfreiche Unterstützung danke ich Frank Engelhardt. Und ich habe Gotthard Seifert zu danken, der den Text noch einmal gründlich durchgesehen hat. Er ist im Wesentlichen unverändert geblieben. Einige zeitliche Bezüge sind angepasst, wenige Absätze gestrichen worden.

Münster im Mai 2009   Hermann Korte

Prolog

Am letzten Samstag im August des Jahres 1966 veröffentlichte die *Neue Ruhr Zeitung* ein Interview mit dem Inspekteur der Luftwaffe der Bundeswehr, General Werner Panitzki, über sein Verhältnis zu seinem Vorgesetzten, Verteidigungsminister Kai Uwe von Hassel. Der zentrale Satz lautete: „Das ist die größte Enttäuschung meines Lebens." Am darauffolgenden Montag wurde der General mit sofortiger Wirkung entlassen. Wie immer, wenn politische Beamte sich derart dezidiert über ihre Vorgesetzten äußern, ist eine solche Entlassung die logische Folge und meistens auch entsprechend vorhergesehen, vielleicht sogar provoziert.

Bereits am 13. August hatte der Generalinspekteur der Bundeswehr, General Heinz Trettner, um Enthebung aus seinem Amt gebeten. Gleiches verlangte der Befehlshaber des Wehrbereiches III, Generalmajor Günter Pape. Auch diese beiden Generäle erhielten ihren Abschied. Was hier wie eine gemeinsame Aktivität von Generälen aussieht, die sich in der bundesrepublikanischen Presse mit Überschriften wie „Aufstand der Generale" niederschlug, hatte gleichwohl unterschiedliche Motive.

Im Vordergrund der provozierten Entlassung des Generals Panitzki stand das Unvermögen des Bundesverteidigungsministeriums, die Zahl der Starfighter-Abstürze zu erklären und wirksam zu verringern. Bis zum August 1966 waren 35 Piloten bei Abstürzen von insgesamt 61 der sehr teuren Fluggeräte ums Leben gekommen. Während also die Auseinandersetzung zwischen dem General und dem Bundesverteidigungsminister Kai Uwe von Hassel einen sachlichen Kern hatte, ging es bei dem Rücktritt des Generalinspekteurs und seines Schulfreundes Pape um grundsätzliche Fragen. Trettner und andere hohe Generäle verlangten nach größerem Einfluß auf die Führung des Verteidigungsministeriums und hatten auch andere Vorstellungen von der Einordnung der Bundeswehr bzw. auch der Generalität in den Staat. Der Konflikt dokumentiert sich am besten an der Auseinandersetzung um die Erlaubnis, die von Hassel der ÖTV zur Mitglieder-Werbung in den Kasernen gegeben hatte. Dies war gegen Trettners ausdrücklichen Willen geschehen. Seit der Gründung der Bundeswehr, aber vor allem dann in der ersten Hälfte der 60er Jahre, hatte sich ein Wandel in der Auffassung des Verhältnisses von Gesellschaft und Militär angebahnt, der die Entscheidung von Hassels, einer Gewerkschaft Zutritt zu den Kasernen zu geben, überhaupt erst möglich gemacht hatte.

Gleichwohl war die Situation unklar bis unentschieden. Dies hatte sich bereits im Jahre 1964 gezeigt, als der damalige Wehrbeauftragte, der Admiral a. D. Heye, mit einer Medienkampagne auf undemokratische Praktiken und tiefgreifende Strukturprobleme in der Bundeswehr aufmerksam machte, nachdem er beim Bundestag, seinem Auftraggeber, mit seinen detaillierten Jahresberichten auf Desinteresse und Gleichgültigkeit gestoßen war. Das Parlament ließ ihn damals im Stich, er trat dann schnell „aus gesundheitlichen Gründen" zurück. Andererseits erntete der Generalinspekteur Trettner viel Kritik sowohl von Abgeordneten und sogar auch im Verteidigungsministerium, als er im Hinblick auf die Heye-Publikationen in einem Tagesbefehl von einer „Stunde der Anfechtung" sprach. Der Militärexperte der FAZ, Adalbert Weinstein, forderte in einem Leitartikel unverhohlen Trettners Versetzung in einen Stab nach Brüssel und empfahl den Grafen Baudissin als neuen Generalinspekteur, weil er sich von ihm eine bessere Um- und Durchsetzung des Reformkonzeptes des „Bürgers in Uniform" versprach.

Sicher gab es bei dieser sogenannten „Trettner-Affäre" des Jahres 1966 auch eine Reihe von Konfliktpunkten, die in den beteiligten Personen begründet lagen, aber im Kern war es eine Auseinandersetzung um die Rolle des Militärs in der Gesellschaft. Dies zeigt sich z. B. an der Auseinandersetzung über die Person des Staatssekretärs Gumbel. Ihm wurde von den Militärs zum Teil Unfähigkeit vorgeworfen, aber es wurde auch die grundsätzliche Problematik erörtert, daß die Besoldung des Staatssekretärs höher war als die des Generalinspekteurs der Bundeswehr. Der Staatssekretär war der alleinige Vertreter des Ministers und vertrat ihn nicht nur in allen politischen, sondern auch in allen militärischen Angelegenheiten. Generalinspekteur Trettner wollte dem Staatssekretär gleichgestellt werden, der Vertreter des Ministers in allen militärischen Angelegenheiten sein, und der Staatssekretär sollte sich auf die Aufgaben konzentrieren, die auch schon die Kriegsminister in Preußen gehabt hatten: Rüstung, Verwaltung und Haushalt.

Daß aus diesen Wünschen des höchsten Militärs nichts wurde, dafür sorgte schon die Mehrheit der CDU-Fraktion, in der sich – wie in der Opposition – noch viele Abgeordnete an die Rolle der Reichswehr in der Weimarer Republik persönlich erinnern konnten. Man wollte nie wieder Zustände wie in der Reichswehr, die unter Führung des Generals Seeckt ein Staat im Staate geworden war und sehr auf Distanz zur Demokratie der Weimarer Republik gehalten hatte.

Man findet diesen Konflikt zwischen politischer und militärischer Führung bereits im 19. Jahrhundert. Die Armee war bis dahin neben der Verwaltung eine der wichtigen Grundlagen des absoluten Staates gewesen und fühlte sich dem Monarch allein verpflichtet. Als die Macht des Königs in dem Prozeß der Parlamentarisierung langsam abnahm, kam auch diese Legitimitätsbasis der Armee ins Wanken, man fühlte sich nun einem anderen, abstrakteren Dienstherrn verpflichtet: dem Staat. Schon bei der 1848er Revolution, die das Selbstverständnis der preußischen Armee bedrohte, formulierte der preußische Kriegsminister Roon in Ansehung der Führungsschwäche des Königs ein Staatsverständnis, das wir dann auch später in der Weimarer Republik beim General Seeckt wiederfinden: „Das Heer, das ist jetzt unser Vaterland, denn hier allein sind die unreinen, gärenden Elemente, die alles infragestellen, noch nicht eingedrungen."

In der Weimarer Republik galten für die Reichswehr ganz bestimmte Regeln im Hinblick auf politisches Verhalten und die Zugehörigkeit zu Parteien. Das Wehrgesetz verbot den Soldaten die Zugehörigkeit zu politischen Vereinigungen und auch die Teilnahme an

Versammlungen. Sie hatten weder ein aktives noch ein passives Wahlrecht. Aus dieser zunächst ganz anders gemeinten Neutralität wurde dann eine Opposition gegen das parlamentarisch-demokratische Legitimitätsprinzip, und so ist es nicht verwunderlich, daß General Seeckt und viele hohe Offiziere der Reichswehr versuchten, mit ihr und in ihr dem parlamentarischen System, das sie als falsch ablehnten, zu trotzen. Sie entwickelten die Reichswehr zu einem Staat im Staate, und der General Seeckt formulierte: „Das Heer dient dem Staat, nur dem Staat; denn es ist der Staat."

Diese und andere historische Erfahrungen führten bei der Gründung der Bundeswehr dazu, daß eine Reihe von Rahmenbedingungen geschaffen wurden, die eine solche Entwicklung in Zukunft verhindern sollten. Insbesondere wurde durch Kompetenzen des Verteidigungsausschusses und durch die Schaffung der Institution des Wehrbeauftragten der eindeutige Vorrang der parlamentarischen Kontrolle gegenüber der militärischen Führung festgelegt. Außerdem wurden den Angehörigen der Bundeswehr politische Aktivitäten nicht nur erlaubt, sie behielten auch das aktive und passive Wahlrecht. Politische Bildung wurde auch Teil der militärischen Ausbildung. Hinzu kam das Recht der Wehrdienstverweigerung. Es kann kein Zweifel daran bestehen, daß diese Vorkehrungen jenen Militarismus am Wiederaufleben gehindert haben, der bis dahin in der deutschen Gesellschaft so einflußreich gewesen war.

Einleitung

Es mag vielleicht den einen oder anderen verwundern, warum als Prolog diesem Essay über gesellschaftliche Änderungen in den 60er Jahren ein Ereignis in der Bundeswehr vorangestellt wird, und die Verwunderung würde sicher zunächst noch größer sein, wenn ich hinzufüge, daß das Militär weder zu meinen Forschungsgegenständen gehört noch ich von meiner politischen Orientierung her die Bundeswehr in ihrer jetzigen Form für richtig halte. Aber, und das ist der *erste* Punkt, den ich nennen will, um dieses Vorgehen zu erklären, persönliche Einstellungen dürfen nicht den Blick für notwendige Analysen gesellschaftlicher Veränderungen verstellen. Auch wer sich fürs Militär nicht interessiert, oder sogar auf seine Abschaffung hinarbeitet, muß sehen, daß die sogenannte „Trettner-Affäre" ein bedeutender Einschnitt, ein Indikator für gesellschaftliche Veränderungen auch dann ist, wenn dieser Indikator nicht das gehalten hat, was er versprach. Gesellschaftliche Veränderungen sind nicht unilinear auf Fortschritt hin ausgerichtet.

Zweitens will ich darauf hinweisen, daß gesellschaftliche Veränderungen nicht auf Teilbereiche der Gesellschaft beschränkt bleiben. Langfristige Transformationen haben Auswirkungen in allen Bereichen der Gesellschaft. Norbert Elias hat drei solcher Veränderungslinien benannt: erstens die Änderung der Machtverhältnisse zwischen Menschen, z. B. etwa zwischen Regierung und Regierten oder auch zwischen Angehörigen verschiedener Schichten; zweitens Veränderungen in Richtung auf in höherem Maße reziproke und multipolare Abhängigkeiten und Kontrollen und drittens eine grundsätzliche Veränderung der Bedeutung gesellschaftlicher Ideale als Instrumente der Orientierung.

Solche Veränderungen finden sich in allen Teilbereichen der Gesellschaft. Sicherlich nicht überall gleich und in dem Maße überall gleich „erfolgreich" und gleich beständig, aber man kann sie überall aufspüren.

Der *dritte* Grund für die Auswahl des Eingangsbeispiels liegt darin begründet, daß man bei einer Auseinandersetzung mit den gesellschaftlichen Veränderungen in den 60er Jahren sich davor hüten muß, diese mit den 68er Entwicklungen gleichzusetzen. Spricht man über die 60er Jahre, so liegt heute oft die Assoziation nahe, die eigentlichen Veränderungen seien 1968 durchgesetzt worden. Das stimmt so nicht. Es ist eher ein Bild, das Intellektuelle von den Entwicklungen um 1968 herum pflegen. Sie tun das ganz allgemein, weil sie sich selbst schlecht vorstellen können, daß es nicht ihre Gedanken gewesen sind, die die Gesellschaft plötzlich veränderten und in manchen Fällen speziell auch deshalb, weil sie ihre eigene Geschichte beschreiben (und weiterschreiben).

Viertens will ich schließlich in diesem einleitenden Teil auch darauf hinweisen, daß die sozialwissenschaftliche Annäherung an zurückliegende gesellschaftliche Veränderungen sich nicht auf ein empirisches Konzept stützen kann, das es erlaubt, ähnlich wie bei Untersuchungen in den Naturwissenschaften, Aussagen über die Geschichte zu verifizieren oder zu falsifizieren, um so eine absolute persönliche Distanz gegenüber dem zu untersuchenden Gegenstand zu etablieren. Eine solche Haltung ist in den Sozialwissenschaften ausgeschlossen, selbst dort, wo sie versucht wird, scheitert sie, denn Sozialwissenschaftler müssen immer wissen, daß ihre Aussagen über die Gesellschaft von anderen aufgenommen und benutzt werden, und da hilft der Rückzug auf ein empirisches Konzept überhaupt nicht, sondern stiftet nur neue Ideologisierungen.

Anders als Historiker gehören Sozialwissenschaftler immer auch ihrem Untersuchungsgegenstand an, nämlich der Gesellschaft, in der sie leben, und sie schreiben damit auch immer über ihre eigene Rolle in der Gesellschaft oder eben auch über ihre persönliche Geschichte. Dies ist kein Freibrief für eine distanzlose, vielleicht sogar emotionale Auseinandersetzung mit dem Gegenstand. Ich erinnere mich noch sehr gut an meine Schulzeit. In den 50er Jahren, als ein Teil unserer

Lehrer ihre traumatischen Kriegserlebnisse in den Unterricht hineintrugen und im emotionalen Engagement immer wieder aufs neue von den Erlebnissen des Krieges berichteten. Es gilt sich davor zu hüten, im Hinblick auf die Ereignisse der 60er Jahre eine ähnliche Haltung einzunehmen.

Eine absolute Engagierung an politische Probleme und Erfahrungen ist ebensowenig hilfreich wie die Versuche absoluter Distanzierung. Es kommt, wie der Soziologe Norbert Elias dies ausgedrückt hat, darauf an, ein adäquates Verhältnis von Engagement und Distanzierung zu finden, wobei er hinzufügt, daß der Entwicklungsstand der Sozialwissenschaften es immer noch notwendig macht, mehr Distanzierung als Engagement zu entwickeln und insbesondere sich vor gesellschaftlichen Mythen zu hüten.

Es gibt in der Literatur zwei – wie ich meine sehr erhellende – Metaphern, die die schwierige Position des Soziologen und auch der Sozialwissenschaft allgemein beschreiben. Da ist einmal die Theodor Adorno zugeschriebene Warnung, man solle nicht meinen, man könne die Gesellschaft wie durch den auf einem Stativ fixierten Fotoapparat betrachten. Man müsse immer damit rechnen, daß das zu fotografierende Objekt sich ebenso bewege wie der Fotoapparat selbst, und meistens werde man zur eigenen Überraschung erleben, daß man, obgleich man sich hinter dem Fotoapparat wähnte, mit auf dem Gruppenbild sei.

Dieses grundsätzliche intellektuelle Dilemma finden wir schon in recht eindrucksvoller Weise im Arbeitszimmer von Auguste Comte wieder, der Anfang des 19. Jahrhunderts die Wissenschaft von der Soziologie begründete. Comte schrieb seine umfangreichen, sehr innovativen und z. T. genialen Texte an einem Tisch, der vor einem großen Spiegel stand. Über die Gesellschaft schreibend sah er sich selbst. Man kann in kritischer Betrachtung der Arbeiten von Comte sehen, daß zu seiner Zeit der Spiegel, vor dem er saß, noch nicht sehr durchsichtig war. Heute können wir, auch wenn wir uns immer noch in dem Spiegel erkennen, schon etwas besser durch ihn hindurchblicken. Wir schreiben schon viel weniger nur über uns selbst, wenn wir über die Gesellschaft schreiben, aber ganz wird unser eigenes Bild auf dem Spiegel nie verschwinden.

Am Schluß der Einleitung soll noch etwas zur Gliederung des Gesamttextes gesagt werden. Weil es völlig ausgeschlossen ist, ohne eine lebenslange Beschäftigung und viele Bände ein komplettes Bild der 60er Jahre zu entwerfen, die vollständige Beschreibung einer „Gesellschaft im Aufbruch" zu leisten, ist hier die Form des Essays gewählt worden. So ist ein wissenschaftlicher Bericht entstanden, der einige Entwicklungslinien nachzeichnet, dabei aber auf den üblichen wissenschaftlichen Apparat (Fußnoten, Literaturhinweise im Detail) verzichtet, um nicht eine kaum zu erreichende Vollständigkeit und Genauigkeit vorzuspiegeln. Selbstverständlich wird die benutzte Literatur am Ende aufgeführt und in der Bibliographie auf wichtige und/ oder zum Selbststudium geeignete Texte besonders hingewiesen.

Außerdem bedeutet diese Beschränkung keineswegs, daß der Text ohne eine Grundkonzeption geschrieben wurde, die auch wissenschaftlich abgesichert ist. Die vier Hauptkapitel beschreiben vier verschiedene, miteinander aber verknüpfte Entwicklungslinien. Teil I beschreibt die allgemeine politische Entwicklung, untersucht, welche Formen der Herrschaft von Menschen über Menschen sich entwickelten bzw. veränderten, wie sich das Verhältnis von Regierenden und Regierten verschob und wie sich gegensätzliche Positionen zwischen Gruppen von Menschen neu akzentuierten.

Teil II untersucht die Entwicklungen bei der Kontrolle der Vermittlung von Wissen, ebenfalls ein grundsätzliches Problem menschlicher Gesellschaften. Die Form der Weitergabe des vorhandenen Wissensfundus und seine Fortentwicklung sind ein wichtiges Merkmal einer Gesellschaft, und strukturelle Veränderungen in diesen Bereichen sind von großer Bedeutung für die Lebenden und die nachfolgenden Generationen.

Teil III nimmt die Frage nach den Gründen der Veränderung der Geburtenzahlen der 60er Jahre zum Anlaß, nach Veränderungen in den psychischen Apparaten der einzelnen Individuen zu fragen, nämlich danach, wie sich Menschen selbst kontrollieren. Schließlich wird im Teil IV noch einmal gesondert auf die wirtschaftliche Entwicklung eingegangen. Norbert Elias, dessen Arbeiten zu langfristigen gesellschaftlichen Entwicklungen dieses soziologisch-historische Essay beeinflußt haben, nennt neben den anderen drei Kontrolltypen auch die Kontrolle der Naturereignisse, womit er ganz allgemein die Anstrengungen der Menschen meint, sich produzierend am Leben zu erhalten. Die wirtschaftliche Entwicklung wird oft als alleinbestimmend für die gesamtgesellschaftliche Entwicklung angesehen. Hier wird mit Elias die Verflochtenheit dieses Bereichs mit den drei anderen gesehen. Keiner ist dominant, keiner gänzlich unbedeutend: Soziogenese und Psychogenese gehören zusammen, sind aufeinander bezogen.

Die wirtschaftliche Entwicklung wird deshalb zum Schluß behandelt, weil ihr Einfluß auf die anderen Bereiche z. T. indirekt, z. T. zeitlich verschoben geschah und die hier beschriebene Phase gesellschaftlicher Entwicklung am Anfang und am Ende besonders beeinflußte, indem sie manche Teilentwicklung initiierte und am Ende eine zeitweise breitangelegte Reformbewegung auf eine Politik der kleinen Schritte reduzierte. Zwischen dem Ende der Rekonstruktionsphase unter Konrad Adenauer und der ökonomischen Konsolidierung unter Helmut Schmidt liegt eine Phase der Reform und des gesellschaftlichen Umbruchs. Von ihren aufregenden 60er Jahren handelt der folgende Text.

Teil I
Von der Restauration zur Reform – Die demokratische Grundordnung wird auf die Probe gestellt

1 Die Nachkriegszeit geht zu Ende

Im Jahre 1965 ging es den Deutschen in der Bundesrepublik wirklich gut. Nach Jahren des Wiederaufbaus machte sich zum erstenmal ein Wohlstand bemerkbar, der nicht wie zuvor immer nur kleineren Gruppen der Bevölkerung zugute kam, sondern diesmal der Mehrzahl der Menschen in der Bundesrepublik. Schon ein erster Blick auf Beschäftigungssituation und Einkommen zeigt, wie erfolgreich die Deutschen in der Nachkriegszeit gewesen waren. Von 1950 bis 1964 war die Arbeitslosigkeit von 10,4% auf 0,08% gesunken, was nicht nur Vollbeschäftigung bedeutete, sondern mehr noch eine zusätzliche Nachfrage nach Arbeitskräften erzeugte. Die Steigerung der realen Arbeitseinkommen, d. h. die nach Abzug der Inflationsrate von den nominalen Lohnsteigerungen erzielten Nettolöhne waren zwischen 1950 und 1964 im Durchschnitt jährlich um 5,2% gestiegen.

Aber auch die allgemeinen Strukturdaten waren beachtlich, vor allem, wenn man sie mit den Daten anderer europäischer Länder vergleicht. So war das Bruttosozialprodukt von 1950 bis 1964 von 98 Milliarden DM auf 413 Milliarden DM angestiegen und hatte das von Großbritannien, Frankreich und Italien längst überflügelt. Die Bundesrepublik hatte von den drei genannten Ländern den höchsten Gold- und Devisenbestand, zwischen 1953 und 1963 mehr Neubauwohnungen je 100 000 Einwohner erstellt als Frankreich und Großbritannien zusammen und auch im Export die anderen drei großen europäischen Industrienationen längst überflügelt. Auch bei der

Kraftfahrzeugproduktion liefen z. B. im Jahr 1964 mehr PKW (2,9 Mio) vom Band als in Frankreich und Italien zusammen. Bereits 1965 war aus den geschlagenen und gedemütigten Deutschen eine der reichsten Nationen der Welt geworden, wenn man das erwirtschaftete Bruttosozialprodukt pro Kopf umrechnete; höhere Gesamtwerte erwirtschafteten damals nur die USA und Kanada.

Man kann auch feststellen, daß Mitte der 60er Jahre die Deutschen ihren Wohlstand genossen. Waren frühere Konsumwellen in den 50er Jahren (Kleidung, Essen, Möbel) noch als Ersatz für Verlorengegangenes interpretierbar, wenngleich auch hier wesentlich mehr Werte angeschafft worden waren als vorher existiert hatten, so war die Reisewelle, die zu Anfang der 60er Jahre stark einsetzte, ganz eindeutig ein Wohlstandserlebnis, das die Westdeutschen sich aufgrund ihres kleinen Reichtums genehmigten, wobei ihnen die im Vergleich zu den anderen europäischen Industriestaaten niedrigste Arbeitszeit sehr entgegenkam.

Die Reisen in Länder wie Italien und Spanien, die früher nur dem Besitz- und Bildungsbürgertum möglich gewesen waren, bedeuteten auch ein Zeichen eines von den Arbeitern und Angestellten (subjektiv) empfundenen Aufstiegs auf der sozialen Stufenleiter. Für schmutzige und schlechtbezahlte Arbeiten hatte man inzwischen eine große Anzahl von Gastarbeitern ins Land geholt, die es auch möglich machten, sich als Arbeiter oder kleiner Angestellter als etwas Besseres zu fühlen. Hatte man doch mit den Ausländern Menschen, auf die herabzusehen man sich nicht scheute. Schließlich, und das gehörte auch zu den guten Zeiten, gab es mittlerweile ein System sozialer Sicherheit, wie es dies in der Geschichte der Lohnarbeit noch nicht gegeben hatte. Hier sei z. B. auf die Lohnfortzahlung hingewiesen, die in der Welt zum damaligen Zeitpunkt einmalig war. Schon nach einem Tag Karenzzeit erhielt der Arbeitnehmer im Krankheitsfalle rund 95% seines normalen Arbeitslohnes.

Kein Wunder, daß die Bevölkerung mit ihrer Situation mehr oder weniger zufrieden war und kein Wunder auch, daß sie die steigenden Sorgen der Bundesregierung hinsichtlich der wirtschaftlichen Entwicklung kaum zur Kenntnis nahm und auch kein Verständnis dafür aufbrachte, wenn ihr öffentlich diese Zufriedenheit von den Regierenden als Bequemlichkeit vorgehalten wurde.

1965 gab es dann deutliche Anzeichen kommender wirtschaftlicher Probleme, die sich zunächst im Bundeshaushalt exemplarisch zeigten. Insgesamt wurde mehr ausgegeben als erwirtschaftet. Das für das Haushaltsjahr 1966 erwartete hohe Haushaltsdefizit war nur ein Indikator dieser Gesamtentwicklung.

Nach seiner Wiederwahl zum Bundeskanzler stellte deshalb Ludwig Erhard in seiner Regierungserklärung vom 10.11.1965 diese Problematik in den Mittelpunkt des innenpolitischen Teils. Sorgenvoll stellte er fest, die Nachkriegszeit sei nun zu Ende. Wobei man rückblickend sagen kann, daß dieses Ende bereits 1961 mit dem nur halben Wahlerfolg Konrad Adenauers begann – er verfehlte die von ihm angestrebte absolute Mehrheit im Parlament – was dann im Endeffekt 1963 zur Ablösung durch Ludwig Erhard geführt hatte.

Wie dem auch sei, nun spätestens, so jedenfalls Ludwig Erhard in seiner Regierungserklärung, sei es Zeit, daß das deutsche Volk wieder Maßhalten lerne, den Gürtel enger schnalle und mehr arbeite. Ausdrücklich sprach Erhard davon, daß die durchschnittliche Tarifarbeitszeit um eine Stunde erhöht werden müsse. Dies könne kein Tabu zwischen den Tarifpartnern sein.

Nun war der Eindruck, daß die Deutschen es etwas langsamer angehen ließen, sicherlich nicht ganz falsch. Auch ausländische Beobachter kamen zum gleichen Ergebnis. So charakterisierte z. B. das *Time Magazine* die höchste Inflationsrate seit 15 Jahren als das Ergebnis einer extravaganten Lebensweise und stellte fest, daß die einst so anspruchslosen Deutschen mittlerweile ›Wie Gott in Frankreich‹ lebten. Eine sicherlich überzogene Formulierung, denn so gut ging es den Deutschen nun doch wieder nicht.

2 Erhard wird Kanzler – und scheitert

Die unterschiedliche Einschätzung der Zufriedenheit der Bevölkerung mit ihrer Situation als Bequemlichkeit machte gleichzeitig einen Widerspruch zwischen Regierenden und Regierten offenbar. Der Widerspruch war auch durch eine Aufforderung vom Rednerpult im Hohen Hause (Bundestag) nach unten an das Wahlvolk nicht ohne weiteres aufzuheben.

Die Mehrzahl der Westdeutschen dachte nämlich gar nicht daran, ihre Lebensweise umzustellen, wieder etwas karger zu leben und den Wohlstandskonsum zu drosseln. Sie machte es eher wie die Oberschicht es in solchen Fällen schon immer gehalten hatte: man orientierte sich mehr an den eigenen Interessen. Nun hat dies nicht nur etwas damit zu tun, daß Menschen gerne gut leben und man ihnen bestimmte Gewohnheiten nur schwer wieder ausreden kann, sondern hat, so merkwürdig dies in diesem Zusammenhang klingen mag, auch mit der Tatsache zu tun, daß die mit dem Grundgesetz etablierten demokratischen Grundstrukturen begannen, allmählich im alltäglichen Leben Wirkung zu zeigen. Weisungen von oben, traditionelle und obrigkeitsstaatliche Aufforderungen wurden nicht mehr ohne weiteres akzeptiert. Der vorhandene Wohlstand wurde als gerechte Belohnung für viele Jahre der Entbehrung und des Fleißes angesehen. Aufforderungen zu Teilverzichten hatten da wenig Aussicht auf Erfolg. Die Rekonstruktion der kapitalistischen Grundstrukturen in der Bundesrepublik wurde begleitet von der Konstruktion demokratischer Grundstrukturen. Dabei hatte das immer wieder gehörte Argument, nur in einem demokratischen Land könne individueller Wohlstand gedeihen, maßgeblich zur Verankerung der Grundideen einer parlamentarischen Demokratie beigetragen und galt nun gleichzeitig auch als Legitimation individueller Konsumneigung.

So sehr man sich auch zum damaligen Zeitpunkt – und auch heute – eine Verbesserung und Intensivierung demokratischer Ordnungen vorstellen kann, so sehr muß aber auch darauf hingewiesen werden, daß am Ende der Nachkriegszeit nicht nur ein auf breite Bevölkerungskreise verteilter Wohlstand entstanden war, sondern auch eine demokratische Grundordnung. Diese war, wie auch der Wohlstand für viele in der Geschichte des deutschen Volkes, ein neuer Tatbestand und existiert zu dieser Zeit zumindest in den Grundbedingungen unangefochten.

Dies hatte sich schon in der „Spiegel-Affäre" im Jahre 1962 gezeigt. Deren Entstehung hatte sehr viel damit zu tun, daß einige Politiker beim Auftauchen des Verdachts von Landesverrat meinten, „zupacken" zu müssen und dies ganz in der Tradition obrigkeitsstaatlichen Handelns, ohne viel Rücksichtnahme auf bestehende Rechte. Eine Affäre wurde deshalb daraus, weil ein solches Vergehen nicht mehr öffentlich zu begründen bzw. zu rechtfertigen war. Fritz Erler (SPD) hat dies in einer Rede vor dem Deutschen Bundestag am 7.11.1962 prägnant so festgehalten: „Wo es sich um Landesverrat handelt, muß zugepackt werden. Aber auch eine Untersuchung wegen Landesverrat setzt die rechtsstaatlichen Prinzipien nicht außer Kraft."

Neben diesen allgemeinen Gründen gibt es sicherlich auch noch ökonomische Details, die hier jetzt aber nicht erörtert zu werden brauchen, die dazu führten, daß die Versuche Ludwig Erhards scheiterten, mit den – wie er es verstand – negativen Folgen des Wohlstands fertig zu werden. Erhard war wohl bewußt, daß sich etwas geändert hatte. Er war aber bei seinen Therapievorschlägen zu sehr an traditionellen Konzepten und Denkfiguren orientiert, als daß er hätte Erfolg haben können. So waren seine Vorstellungen einer strengen Haushaltsführung, objektiv gesehen, gewiß nicht falsch. Zur Sicherung des Bundeshaushaltes und zur Stabilität der Währung wollte er das für 1966 anstehende Defizit im Bundeshaushalt verhindern, oder zumindest reduzieren. Es war damals absehbar, daß 7 Milliarden DM des durch Wahlgeschenke und zahlreiche Subventionen aufgeblähten Bundeshaushaltes nicht durch Steuereinnahmen gedeckt sein würden. Das waren zum damaligen Zeitpunkt 10% des Bundeshaushaltes. Seine Vorschläge, Mehr-Anforderungen der Ressorts herabzuschrauben, Gesetzesbeschlüsse mit finanziellen Auswirkungen auf den Bund zu suspendieren und Ausgaben zu senken, die nicht gesetzlich vorgeschrieben waren, waren im Prinzip nicht falsch, sind seitdem wohlbekannte Argumentationsmuster, und man kann dem Spiegel-Bericht über die Erhardsche Regierungserklärung entnehmen, daß der Vorsitzende der CSU auch damals bereits den Redetext auf seine Art kommentierte: „So wenig Substanz hätte man auch auf weniger Seiten unterbringen können." Da hat sich seitdem nicht viel geändert.

Geändert haben sich seitdem auch nicht die Erfolgsaussichten solcher Einsparungsvorschläge: sie bewirken meistens wenig. Schon Ludwig Erhard hatte wenig Glück und Erfolg damit. Im Gegenteil, sein politisches Charisma versagte schließlich beim Koalitionshandel mit den Freien Demokraten und der CSU über den Ausgleich des Haushaltes. Einige Wahlgeschenke wurden zwar suspendiert, aber die Probleme damit nur in den Haushalt des Jahres 1967 verschoben, der damit im vorhinein ohne sonstige Steigerungen bereits mit 7 Milliarden DM belastet war.

Rückblickend erscheint es fast zwangsläufig, daß ziemlich genau ein Jahr nach der Regierungserklärung vom November 1965 die Koalition aus CDU/CSU und FDP, damals allerdings noch ohne Pünktchen, über die Frage von Steuererhöhungen auseinanderbrach, die die Freien Demokraten ihrer Klientel nicht zumuten wollten. Ludwig Erhard wurde von der CDU sang- und klanglos gegen Kurt Georg Kiesinger ausgetauscht, der dann am 1.12.1966 zum Bundeskanzler der Großen Koalition gewählt wurde.

Ebenso wie mit seinen ökonomischen Ratschlägen blieb Erhard auch mit seinen rhetorischen Therapiebemühungen erfolglos. Sein Begriff „Formierte Gesellschaft" fand wenig und dann meist nur negative Resonanz. Ohne daß Erhard dies ganz deutlich aussprach, ging es u. a. darum, die offensichtlich sozial desintegrativen Wirkungen des marktwirtschaftlichen Wettbewerbs, der eher egoistische denn altruistische Typen hervorbringt, zu bekämpfen bzw. zu verhindern. Damit war fraglich geworden, was in der ganzen Nachkriegszeit als selbstverständlich angesehen worden war, daß nämlich das Prinzip der Marktwirtschaft nicht nur optimal für die Versorgung der Menschen mit Gütern, sondern auch ihrer Natur am besten angemessen sei.

Erhard wollte die entstandene pluralistische Gesellschaft neu formieren, dabei den Pluralismus zwar nicht aufgeben, ihm aber doch andere Inhalte, neuen zusätzlichen Gehalt geben. Vor allem die Gruppeninteressen sollten überwunden werden. Hierzu sollten das Bewußtsein und das Gewissen der einzelnen Menschen geschärft und ihnen deutlich gemacht werden, „daß der einzelne nicht für sich allein Vorteile gewinnen kann, sondern nur, wenn es auch dem anderen gutgeht. Alles, was dem eigenen Wohl dient, muß seinen Niederschlag in dem Wohl des Ganzen finden."

Das Zitat macht eines ganz deutlich: Es ging Erhard nicht darum, die Regeln des Staates neu zu ordnen oder seine Ziele zu diskutieren, sondern das Bewußtsein und das Gewissen der einzelnen wieder stärker an den allgemeinen Zielen der Gesellschaft zu orientieren. Die alten Orientierungsmuster funktionierten offensichtlich nicht mehr, waren wirkungslos geworden und mußten durch neue Bewußtseins- und Gewissensinhalte wieder aufgerichtet werden. Aber mit diesen Beschwörungen eines individualistischen Gewissens konnte die immer weiter auseinandergehende Schere zwischen den individuellen Wünschen und Orientierungen und den staatlich gesetzten Zielen und von oben verordneter Werte nicht geschlossen werden. Der langsame Abbau der aufs Gemeinwohl ausgerichteten Selbstzwänge wurde im Zusammenhang mit dem erarbeiteten Wohlstand und den geschaffenen demokratischen Strukturen beschleunigt, wobei die sich ausbreitende Erkenntnis, daß das in solchen Reden beschworene Gemeinwohl oft nur das Wohl herrschender Schichten meinte, ein zusätzlicher Grund war für die Erfolglosigkeit der Erhardschen Deklaration einer „Formierten Gesellschaft".

Mit diesen Mißerfolgen verfiel die Autorität des Volkskanzlers, des immer wieder so genannten Vaters der Marktwirtschaft, und dies um so mehr, als er nicht nur die wirtschaftlichen Probleme nicht in den Griff bekam, sondern die von ihm vorgeschlagenen Rezepte auch in eklatantem Widerspruch zu den angeblich dynamischen Rezepten des Wiederaufbaus standen. Unverhohlen wurde jetzt die Frage diskutiert, ob seine Vaterschaft nicht eher eine zufällige Mittäterschaft gewesen war.

Es ist symptomatisch für den Zustand der Unsicherheit über die notwendigen Konzepte und Maßnahmen, daß der Neubeginn, eine Reform der gesellschaftlichen Verhältnisse, verzögert wurde durch die von vornherein als ein Phänomen des Übergangs verstandene Große Koalition aus CDU/CSU und SPD, die zwar frischen Wind in die ökonomische Debatte brachte, gleichzeitig aber die notwendigen gesellschaftlichen Reformen, die die obsolet gewordenen Inhalte der Nachkriegszeit ersetzen sollten, verzögerten, sogar aufhielten. Dies führt allerdings dann zu einer Zuspitzung der Kritik an den gesellschaftlichen Verhältnissen, die in vielen Bereichen der Gesellschaft offen ausgesprochen, in wichtigen Punkten von der Studentenbewegung der Jahre 1966 bis 1968 mit Nachdruck öffentlich gemacht wurden. Dadurch entstand eine Art Überdruck, der z. T. zu Konzepten führte, die dann nicht mehr reformerisch, sondern revolutionär waren, bei einigen Begeisterung auslösten, aber von der Mehrheit als nicht-konsensfähig betrachtet wurden.

3 Die Außerparlamentarische Opposition (APO) oder: Der Übergang von der Restauration zur Reform

Bei der Bundestagswahl 1965 verfehlten CDU/CSU nur knapp ihr Ziel, die absolute Mehrheit zu erreichen. Auf die beiden Parteien entfielen zusammen 245 Sitze. Die SPD hatte im 5. Deutschen Bundestag 202 Sitze, und die F.D.P. entsandte 49 Abgeordnete ins Parlament. Rein rechnerisch gab es also die Möglichkeit einer Koalition aus SPD und F.D.P., wenn auch mit einer sehr knappen Mehrheit. Willy Brandt hatte 1964 im Hinblick auf die anstehenden Wahlen im folgenden Jahr noch gesagt: „Wir zittern nicht vor der Verantwortung, wir wollen sie", aber vor einer so wackeligen Koalition scheute die SPD dann doch zurück und unternahm keine ernsthaften Versuche, die im Vorwahlkampf angekündigte Koalition aus CDU/CSU und F.D.P. zu verhindern. Diese beiden Parteien einigten sich dann auch schnell auf eine gemeinsame Koalition, um die anstehenden, hauptsächlich innenpolitischen Probleme anzugehen. Es dauerte allerdings nur ein Jahr, dann war diese Koalition zu Ende. Die F.D.P. trat aus der Koalition unter Bundeskanzler Erhard aus und begann, während dieser eine Minderheitsregierung führte, zunächst Koalitionsverhandlungen mit der SPD. In der Fraktion der CDU/CSU setzten sich aber ziemlich bald Kräfte durch, die zur Bewältigung der anstehenden wirtschaftlichen und innenpolitischen Probleme einen Schulterschluß mit den Sozialdemokraten in einer Großen Koalition suchten. Als sich diese Möglichkeit bot, beendeten die Sozialdemokraten die Koalitionsverhandlungen mit der F.D.P. und ergriffen die Chance, in der Großen Koalition wenigstens einen Teil der Macht, die sie insgesamt anstrebten, zu bekommen. Es war gewissermaßen ein vorsichtiges Heranpirschen an die Macht, ein Herantasten an die Verantwortung. Drei Jahre später, 1969, ging diese Rechnung auf, als die Sozialdemokraten mit dem Wahlslogan „Wir schaffen das moderne Deutschland" die 40%-Hürde überwanden, nun nicht mehr vor der Verantwortung zitterten und bei nur geringfügig besseren Mehrheitsverhältnissen im Vergleich zu 1965 gemeinsam mit der F.D.P. die Regierungsverantwortung übernahmen.

Die 49 Abgeordneten der F.D.P. konnten der Großen Koalition keine wirksame Opposition sein. Sie hatten nicht nur die kritische Prüfung der Regierungsarbeit zu leisten, sondern mußten sich außerdem mit der Bedrohung einer Wahlrechtsänderung, die die großen Parteien zeitweise erwogen, auseinandersetzen. Alle 49 F.D.P.-Abgeordneten waren entsprechend dem auch heute noch geltenden Wahlrecht über Landeslisten in den Bundestag eingezogen. Die Einführung eines reinen Mehrheitswahlrechtes, wie es etwa in Großbritannien heute noch praktiziert wird, hätte das parlamentarische Ende der F.D.P. bedeutet.

Schon aus den numerischen Verhältnissen im Parlament ist im nachhinein verständlich, warum sich eine Opposition außerhalb des

Parlaments etablierte. Zusätzlich herrschte zunächst große Verbitterung darüber, daß die Sozialdemokraten sich bereit fanden, mit Franz-Josef Strauß an einem Kabinettstisch zu sitzen, der bei vielen seit der Spiegel-Affäre als nicht demokratiefähig galt. So lautete auch ein Transparentspruch bei einer Demonstration gegen die Große Koalition am Abend ihrer Bildung: „Große Koalition – ein faules Straußenei". Da die Große Koalition weder zu einer Ausweitung bzw. inhaltlichen Bereicherung der Demokratie führte noch notwendige Reformen des öffentlichen und privaten Lebens aufgriff und sich eher konservativ-autoritär verhielt, festigte sich die APO schnell als ein stabiler Gegenmachtfaktor, in dem die Studentenbewegung ein dynamischer Kern war.

Mit diesen Feststellungen ist hier gleichzeitig auch das Problem der Einordnung der Rolle der Studentenbewegung in der Geschichte der Bundesrepublik anzusprechen. Wenn man nur die Einschätzungen akademischer Berichterstatter liest, die im übrigen oft noch zeitweise persönlich direkt beteiligt gewesen waren, dann handelte es sich bei der Studentenbewegung scheinbar um ein eigenständiges Ereignis, das eine neue politische Kultur schuf oder, wie es der Politologe Rudolf Wildenmann ausdrückte: „Was im Denken der 80er Jahre zur Selbstverständlichkeit geworden ist, hat die Studentenbewegung angebahnt." Andere reden von Entstehung und Verfall der Bewegung, wobei sie meistens den Zeitraum von 1966 bis 1971/72 meinen und damit einen isolierten Zeitraum behaupten, der doch nur eine ahistorische Betrachtungsweise wiedergibt. Denn weder handelt es sich um ein solitäres Ereignis noch hat die Studentenbewegung allein die bewußtseinsverändernden und verhaltensverändernden Wirkungen erzeugen können. Dies kommt auch in zwei Äußerungen zum Ausdruck, die zwei seinerzeit im weiteren Sinne zum universitären Bereich gehörende Schriftsteller am 10.6.1977 in der Wochenzeitschrift „Die Zeit" abgegeben haben. Da heißt es bei Peter Schneider: „Der Anfang vom Ende war, als die Studenten sich dem revolutionären Subjekt gegenüberstellten: den Arbeitern in den Fabriken. Da merkten sie, daß ihre eigene Aufregung sich nicht so schnell überträgt, daß da mit ganz anderen Zeiträumen zu rechnen ist", und Günter Amendt schreibt:

> „Wir konnten sehr gut die emotionale Lage einer Schicht mittelständiger Studenten artikulieren und das war unsere Stärke. Aber das sind Interessen, die nicht identisch sind mit denen der Bevölkerung – daher unsere Isolation."

Hier wird also ganz eindeutig auf die Langfristigkeit, auf große Zeiträume hingewiesen und auch, wenn man das etwas allgemeiner formuliert, auf Generationskonflikte eines relativ großen Teils der Jugend. Die Geschichte der Studentenbewegung und der APO ist vielfältig, z. T. verwirrend und in den Bewertungen kontrovers. Die zahlreichen Aktionen, die verschiedenen Abläufe einzelner Problemstränge, alles das füllt mittlerweile Bibliotheken und kann hier nicht im einzelnen wiedergegeben werden. Hier werden nur jene Punkte angesprochen, die deutlich machen, daß diese Bewegung der Kristallisationspunkt verschiedener Entwicklungslinien, eines sich bereits angestauten Entwicklungsschubs waren. Jede Interpretation der APO oder der Studentenbewegung als eines eigenständig-schöpferischen gesellschaftlichen Ereignisses übersieht dies und verbaut sich damit gleichzeitig die Chance, die verschiedenen Entwicklungslinien näher zu durchleuchten und ihre historische Verflochtenheit zu erkennen.

Die Große Koalition z. B. war ein exogener Faktor, der nicht zwangsläufig auftreten mußte, genausowenig wie Intensität und Umfang der außerparlamentarischen Aktivitäten dies waren. Macht man einmal das Gedankenspiel, was denn gewesen wäre, wenn 1966 die SPD trotz der geringen Mehrheit bereits damals mit der F.D.P. eine sozial-liberale Koalition gebildet hätte, schon dann muß man sich fragen, ob die APO jene bewegende Kraft entwickelt hätte, wie sie sie unter der Großen Koalition unzweifelhaft bekam. Damit ist nicht gesagt, daß mit einem solchen Ereignis die damals z. T. auch international anstehenden Themen und Problemlagen bereits erledigt gewesen wären. Fraglich ist, ob es zu so heftigen Reaktionen und Gegenreaktionen in der öffentlichen Auseinandersetzung gekommen wäre, ob das Austragen der Konflikte zu jener gegenseitigen Verbitterung geführt hätte, die bei kleineren Teilen der APO schließlich in Terrorismus und bei den Regierenden und einem Teil der Öffentlichkeit in Sympathisantenjagd umschlug.

Das Austragen der Konflikte wäre schwierig und schmerzhaft geblieben. Die Generationskonflikte waren z. B. bereits vor dem Zeitpunkt der Großen Koalition ausgebrochen, ihre Inhalte längst in der öffentlichen Diskussion. Gleichfalls bereits vorhanden waren kritische Potentiale in der Gewerkschaftsbewegung und an den Universitäten. Die APO und die Studentenbewegung bündelten langfristige Entwicklungen und kritische Gruppierungen zu einer innenpolitischen Kraft.

Dabei spielt ganz sicherlich eine Rolle, daß die angesprochenen Generationskonflikte besonderer Art waren und auch besonders heftig. Das hat einmal damit zu tun, daß die Bedeutung des Jugendalters und der Jugendlichkeit inzwischen einen enormen Stellenwert hatte und zweitens die Inhalte der Generationskonflikte historisch gesehen besonders schwerwiegend waren. Konflikte zwischen Erwachsenen und ihrer Lebensweise und der nachfolgenden Generation und deren abweichenden Vorstellungen vom Leben sind bis ins Altertum zurückzuverfolgen, also nicht besonders neu, sie bekamen aber eine besondere Bedeutung in der Neuzeit; etwa seit 200 Jahren entwickelte sich eine besondere Bedeutung des Jugendalters.

In seinem Erziehungsroman „Emile oder über die Erziehung" hatte Rousseau 1762 erstmals die Forderung aufgestellt, junge Menschen dürften nicht mit der autoritären Übermittlung traditioneller Regeln verbogen und verdorben werden, sondern es müßten ihnen, die von Natur aus unschuldig seien, die freie Entfaltung ihrer Anlagen, eine Selbsterziehung durch das Gefühl ermöglicht werden.

Diese Thesen fanden ein epochales Echo. In der Zeit des „Sturm und Drang", in der Romantik, wurde der junge Mensch immer mehr zum Leitbild, was sich dann nach 1900 in der naturschwärmerischen Jugendbewegung und im 1. Weltkrieg im Bild des jugendlichen

Kriegshelden fortsetzte. Aber erst in der 2. Hälfte des 20. Jahrhunderts hatte das Jugendalter eine Bedeutung erreicht, die über das bisherige Maß hinaus auch die Erwachsenen erfaßt hatte, denn mittlerweile war, wie Friedrich Tenbruck es in seinem Buch „Jugend und Gesellschaft" 1962 schrieb, so etwas wie Puerilismus in den Industriestaaten auszumachen. Puerilismus meint, daß die Erwachsenen sich immer stärker an der Lebensweise der Jugendlichen orientieren und Jugendlichkeit überhaupt zu einem besonderen Wert im gesellschaftlichen Leben geworden ist.

Dazu beigetragen haben neben der eher ideologischen Entwicklung auch materielle Umstände, so z. B. die Tatsache, daß die Industrialisierung und die von ihr hervorgebrachte Fabrikarbeit jugendliche Arbeitskräfte braucht und ihnen mit den Lohnzahlungen auch eine, wenn auch geringe, ökonomische Selbständigkeit bescherte. Die mit Fortschreiten der Industrialisierung notwendig werdenden längeren Schul- und Ausbildungszeiten taten ein übriges, die Bedeutung der Jugendphase schon allein wegen ihrer Dauer zu unterstreichen.

In den 50er und frühen 60er Jahren traten die Generationskonflikte zunächst verstärkt in der bildungsbürgerlichen Mittelschicht auf, deren Erziehung bereits durch liberalere Vorstellungen geprägt war und die ihren Kindern auch einen größeren Anteil am Konsum zubilligte. Seitdem hat sich eine freiheitlichere Auffassung von Kindes- und Jugendalter, von autoritären Erziehungsformen zu einem mehr partnerschaftlichen Verhältnis zwischen Eltern und Kindern kontinuierlich bis in die Arbeiterschicht ausgebreitet.

Bereits vor der Zeit der APO war ein Generationskonflikt – auf den wir später noch zurückkommen werden – offensichtlich. Der freiere Umgang in Fragen und Formen der Sexualität, der sich bereits Anfang der 6oer Jahre unter den Jugendlichen entwickelte, schockierte und faszinierte die Erwachsenen gleichermaßen, zumal sie von ihren Kindern bis dahin ein eher angepaßtes pragmatisches Verhalten kannten: Konsumorientiert und desinteressiert an Politik und Weltanschauung, was ihnen das Etikett „Skeptische Generation" durch den Soziologen Helmut Schelsky einbrachte, der seine Mutmaßungen zwar nicht gerade durch überzeugendes empirisches Material belegen konnte, dessen Begriff aber zündete und fest in die Alltagssprache übernommen wurde.

Einige Jahre später war das dann ganz anders. 1967 betitelte Jean-Luc Godard einen seiner Filme „Die Kinder von Karl Marx und Coca-Cola". Damit sollte zum Ausdruck kommen, daß neben den Konsum nun politische Inhalte getreten waren, wobei dies ein Phänomen aller westlichen Länder war. Wir beschäftigten uns hier mit den Vorgängen in der Bundesrepublik, die im übrigen, auch was die Inhalte der Konflikte angeht, sich doch in einigen Punkten deutlich und schwergewichtig von den anderen westlichen Industrieländern unterschieden. Dies waren vor allem die Bewältigung der Zeit des Faschismus und die in dieser Zeit begangenen Verbrechen. Eine Thematik, die dann für die Diskussion um die Notstandsgesetzgebung, einen anderen innenpolitischen Konfliktpunkt, und auch für die Qualität der Demonstrationen gegen den Vietnamkrieg von Bedeutung war.

4 Der Schatten des Faschismus und die Notstandsgesetze

Die Psychoanalytiker Alexander und Margarete Mitscherlich haben in ihrem Buch „Die Unfähigkeit zu trauern" den Tatbestand beschrieben und beklagt, wie sehr die Deutschen es versäumt hatten, über das, was im Deutschen Reich geschehen war, nachzudenken *und,* wie sie es ausdrückten, zu trauern. Die Nachkriegsgesellschaft hatte die Ereignisse während des Faschismus weitgehend verdrängt. Dies war zunächst ohne Widerspruch geblieben und wurde erst in der Mitte der 60er Jahre zu einem wirklich bedeutenden innenpolitischen Thema.

Der Prozeß gegen Adolf Eichmann in Jerusalem, der als Leiter des Judenreferats im Reichssicherheitshauptamt der Reichsführung der SS wegen des Mordes an 6 Millionen Juden angeklagt und am 15. 12. 1961 zum Tode verurteilt worden war, hatte, obgleich über den Prozeß in den Medien regelmäßig berichtet worden war, am öffentlichen Bewußtsein in der Bundesrepublik wenig geändert. Erst der in Frankfurt/Main am 20.12.1963 eröffnete Auschwitz-Prozeß, in dem Wärter dieses größten Konzentrations- und Vernichtungslagers angeklagt waren, konfrontierte die bundesrepublikanische Öffentlichkeit nicht nur mit den in Auschwitz begangenen Morden und Grausamkeiten, sondern mit der NS-Vergangenheit der Deutschen insgesamt.

Martin Walser hat dies 1965 in seinem Essay „Unser Auschwitz" so formuliert: „Der Prozeß gegen die Chargen von Auschwitz hat eine Bedeutung erhalten, die mit dem Rechtsgeschäft nichts mehr zu tun hat. Geschichtsforschung läuft mit, Enthüllung, moralische und politische Aufklärung einer Bevölkerung, die offenbar auf keinem anderen Weg zur Erinnerung des Geschehen zu bringen war."

Bis dahin war die NS-Vergangenheit der Deutschen und auch die NS-Vergangenheit hoher Beamter und hochrangiger Politiker kaum ein Thema gewesen, das öffentliche Resonanz erwarten durfte. Jetzt wurden immer lautere Fragen, vor allem von der jüngeren Generation an ihre Eltern gestellt, nach der Rolle des eigenen Vaters gefragt. Die „Ärmelaufkrempeln-Zupacken-Aufbau"-Generation hatte gehofft, mit dem Wiederaufbau des Landes und der Errichtung einer parlamentarischen Demokratie genug getan zu haben, um das, was sie oft als „Jugendsünde" hinstellte, überwunden bzw. abgesühnt zu haben. Die Fragen der jüngeren Generation ließen sich aber mit dem Hinweis auf diese späteren Leistungen nicht aufhalten, zumal als die Vergangenheit des Bundespräsidenten Heinrich Lübke oder des Bundeskanzlers Kurt-Georg Kiesinger bekannt wurde, ohne daß dies zu irgendwelchen Reaktionen, etwa in Form von Rücktritten vom öffentlichen Amt geführt hätte.

Als Beate Klarsfeld, die 1985 vom französischen Präsidenten wegen ihres ausdauernden Kampfes gegen Faschismus und Unterdrückung mit dem Kreuz der Ehrenlegion ausgezeichnet wurde, am 8. 11. 1968 auf dem CDU-Parteitag in der Berliner Kongreßhalle Bundeskanzler Kiesinger mit dem Ruf „Faschist" ohrfeigte, wurde sie noch am selben Tag in einem sehr schnellen Gerichtsverfahren zu einem Jahr Gefängnis ohne Bewährung verurteilt.

Die Härte dieses Urteils im Vergleich mit z.T. geringen Strafen im Auschwitz-Prozeß und das gänzliche Ausbleiben wenigstens politisch-moralischer Reaktionen auf seiten prominenter Politiker mit einer wie immer zu beurteilenden NS-Vergangenheit verschärfte nur den Konflikt und bestärkte vor allem einen Teil der jüngeren Bevölkerung in der Auffassung, daß zumindest Teile der älteren Generation nichts dazugelernt hätten und trotz aller Lippenbekenntnisse nicht zu wirklichen Demokraten geworden waren. Eine Überzeugung, die es verständlich macht, warum die Diskussion über die Notstandsgesetze so vehement geführt wurde.

Auch dieses zweite große innenpolitische Thema zu Mitte der 60er Jahre hatte mit der nationalsozialistischen Diktatur und den Kriegsfolgen zu tun und war gleichzeitig für große Teile der Bevölkerung eine Probe aufs Exempel einer funktionierenden parlamentarischen Demokratie. Die Gründung des Staates Bundesrepublik Deutschland mit seinem Grundgesetz hatte nicht bedeutet, daß die westlichen alliierten Siegermächte alle Kompetenzen auf die Bundesrepublik und ihre Regierung übertragen hatten. In einem besonderen Vertrag waren 1954 Vorbehaltsrechte der drei Westmächte festgeschrieben worden, die ihnen Sonderrechte im Krisenfall zur Ausübung der obersten Gewalt in der Bundesrepublik einräumten. Die seit Anfang der 60er Jahre geplanten Notstandsgesetze sollten diese alliierten Vorbehaltsrechte ablösen und so die Souveränität des Staates Bundesrepublik vervollständigen. Diese Komplettierung der staatlichen Existenz der Bundesrepublik gehört auch in den Bereich der Übergangs- bzw. Aufbruchsphänomene, spiegelt sich in dem Wunsch nach Übernahme dieser Rechte doch verstärktes Selbstbewußtsein wider.

Andererseits wurde von Teilen der Bevölkerung den Regierenden und auch den Verwaltungsspitzen Mißtrauen entgegengebracht. Nicht zuletzt wegen der Besetzung von Parlament und Verwaltungen mit Personen, deren Motive und Handlungen im Nationalsozialismus zumindest nicht einwandfrei gewesen waren. Außerdem hatte die deutsche Arbeiterbewegung aus ihrer 100jährigen Geschichte allen Anlaß, solchen Notstandsregelungen zu mißtrauen. So kam es nicht von ungefähr, daß der Vorsitzende der IG-Metall in einem Spiegel-Gespräch die Vorbehalte der Gewerkschaften gegen die geplanten Notstandsgesetze damit begründete, daß der damalige Innenminister im Hinblick auf den Klassenstandpunkt des Gewerkschaftsführers Brenner die Notwendigkeit der Notstandsgesetze auch mit dem Satz begründet hatte: „Wenn der Brenner solche Reden hält..." Sicher erhoffte sich auch mancher Unternehmer von den Notstandsgesetzen eine stärkere Position gegenüber den Gewerkschaften.

Nach mehreren Anläufen wurde dann am 30.5.1968 die Notstandsverfassung beschlossen und damit in das Grundgesetz entsprechende Zusätze eingefügt. Die Notstandsverfassung regelt die Fälle des äußeren Notstandes, zu denen der Verteidigungsfall (GG 115a/I) und der Spannungsfall (GG 80a, I2/5+6, 87a/3) gehören. Zweitens wird der Notstand im Falle von Naturkatastrophen und schweren Unglücken geregelt (GG 35/2+3,11/2). Schließlich wurden in das Grundgesetz auch Regelungen für den Fall des inneren Notstandes (GG 10/2, 87a/4, 91) aufgenommen, um ggf. bei drohenden Gefahren für die freiheitlich-demokratische Grundordnung auch den Einsatz der Bundeswehr nach innen gegen organisierte und bewaffnete Aufständische einsetzen zu können.

Es waren vor allen Dingen die Regelungen des inneren Notstandes, aber in gewisser Weise auch die Regelungen für den Spannungsfall, die ggf. den Einsatz der Bundeswehr zum Schutz ziviler Objekte vorsahen, die zu den massenweisen und massiven Demonstrationen bis zum Tage der Verabschiedung der Grundgesetzartikel führten. Man glaubte eben der älteren Generation bzw. den ehemaligen Mitläufern des Nationalsozialismus die demokratische Grundeinstellung nicht, was sich auch in einem Zitat von Heinrich Böll ausdrückte: „Im Hintergrund immer die beiden Undiskutablen, die beiden Untragbaren und Unerträglichen: Lübke und Kiesinger."

Noch deutlicher wurde die Kritik von Karl Jaspers in seiner Spiegel-Serie „Wohin treibt die Bundesrepublik?" zum Ausdruck gebracht: „Das Notstandsgesetz raubt dem Volke die ihm verbliebenen legitimen, dann aber nicht mehr legalen Mittel des Widerstandes. Es ist ein Instrument der Versklavung." Diese starken Worte sind auch ein Indiz dafür, wie sehr sich bei den Regierten ein Bewußtsein für die notwendigen Freiheitsräume entwickelt hatte, wie sehr sich das Verhältnis von Regierenden und Regierten schon geändert hatte. Sie sind aber gleichzeitig ein Ausdruck jener Aufbruchsstimmung, mit der man zu neuen demokratischen Ufern kommen wollte.

5 Nicht am Frieden, aber am Vietkong schieden sich die Geister

Während die ersten beiden inhaltlichen Schwerpunkte der APO durch die Beteiligung von Studenten keine besondere Prägung erhielten, ist dies anders beim dritten Thema, den Protesten gegen den Vietnamkrieg. Sie waren allerdings zunächst auch nicht jugendspezifisch, nicht durch Generationskonflikte bestimmt.

In ihrer Unterstützung Süd-Vietnams im Krieg gegen Nord-Vietnam im Februar 1965 begannen die USA mit der regelmäßigen intensiven Bombardierung Nord-Vietnams. Nachdem zunächst im Dezember 1965 über 200 deutsche Schriftsteller und Professoren gegen die Vietnam-Politik der USA und insbesondere gegen Folterungen und Gefangenenmorde und den Einsatz von Napalm-Bomben, Giftchemikalien und neuartigen Vernichtungswaffen gegen die Zivilbevölkerung protestiert hatten und die amerikanische Strategie der verbrannten Erde in die Nähe des Völkermordes rückten, protestierten im Juli 1966 auch Großbritannien, der Vatikan, Frankreich, Indien und andere Staaten gegen die Ausweitung der Bombardierung auf nord-vietnamesische Städte. Bereits zum damaligen Zeitpunkt waren über Vietnam mehr Bomben abgeworfen worden als im gesamten 2. Weltkrieg. Nachdem bereits der eine westliche Verbündete, nämlich Frankreich, durch Grausamkeiten und Folterungen im Algerienkrieg seine Vorbildfunktion eingebüßt hatte, geriet nun auch die Schutzmacht Westeuropas und der Demokratie allgemein ins Abseits. Mit den Napalm-Bomben verbrannten in Vietnam nicht nur Kinder und Frauen, sondern diese Bomben zerstörten auch die Achtung vor den moralischen, politischen und kulturellen Normen des „freien Westen". Die regelmäßigen hautnahen Berichterstattungen im Fernsehen von Erschießungen, Vertreibungen, dem Elend der Kinder und Alten taten ein übriges, die Abscheu vor dieser Art von Krieg zu stärken.

Allerdings richteten sich die Proteste zunächst gegen die Formen dieses Krieges, und in dem Appell „Frieden für Vietnam" einten sich die Gegner. Erst als die Studenten unter dem Einfluß revolutionärer Theorien nicht mehr länger nur für Frieden für Vietnam demonstrierten, sondern schließlich den Sieg der vietnamesischen Revolution forderten und sich damit aus der Position der Kritik an der westlichen Schutzmacht USA in eine direkte Gegnerschaft begaben, spaltete sich die Bewegung. Das selbsternannte „Parlament der BILD-Leser" begann, die Studenten als Feind der Gesellschaft auszugrenzen. Soweit sollte die Kritik an den USA dann doch wieder nicht gehen. Hier ist ganz deutlich eine Trennungslinie zur APO auszumachen. Eine Trennungslinie, die nicht nur mit dem Vietnam-Krieg und seiner Einschätzung zu tun hat, sondern auch mit der theoretischen Orientierung der Studenten, ihren Organisationsmöglichkeiten und ihren Organisationsformen.

6 Wurzeln und Zielrichtungen der Kritik der akademischen Linken

An dieser Stelle ist weder der Ort noch der Platz für eine ausführliche Geschichte der Studentenbewegung. Sie wird hier deshalb behandelt, weil es wichtig ist, klarzumachen, wer in den 6oer Jahren „aufbrach". Der Titel dieses Essays „Eine Gesellschaft im Aufbruch" verlangt eben nicht nur eine Antwort auf die Frage, wer denn aufgebrochen ist, sondern es muß auch gefragt werden, welche Richtung diese gesellschaftliche Bewegung hatte. Eine allgemeine Antwort ist zunächst, daß die Studentenbewegung ein Teil des gesellschaftlichen Aufbruchs darstellt, in manchen Bereichen wichtiger Motor und in einigen bedeutungsvoller Auslöser war. Dabei spielen die theoretische Orientierung der Studentenbewegung und die Schlüsse, die aus der theoretischen Orientierung gezogen wurden, eine sehr wichtige Rolle.

Bei Rückblicken in die 60er Jahre und ihre bedeutenden geistigen Strömungen wird zu Recht an herausragender Stelle immer die „Kritische Theorie" genannt, die mit der Frankfurter Schule eine herausragende Gruppierung hatte. Sie bekam ab Mitte der 60er Jahre eine relative Breitenwirkung, wobei man festhalten muß, daß selbst diese Wirkung noch unter den Folgen der Exilierung der kritischen Intelligenz nach 1933 und den Schwierigkeiten ihrer Rückkehr nach Nachkriegsdeutschland mit seinem Antikommunismus litt. Kritische Intelligenz, das war eben zumeist linke Intelligenz, die zwar nicht immer marxistisch orientiert war, aber mit den konservativen Denkstrukturen in jedem Fall wenig im Sinn hatte.

Es wird heute oft übersehen, daß die Frankfurter Schule damals nur eine der Ausprägungen einer an Aufklärung interessierten Wissenschaft war. Neben ihr ist insbesondere auf die Marburger Gruppe um Abendroth hinzuweisen, die publizistisch noch weniger Fuß fassen konnte als die Frankfurter Schule, die aber gleichwohl für die Heranbildung kritisch-linker Intelligenz in den 50er und 60er Jahren eine Bedeutung hatte. Abendroth und seine Schüler waren eher orthodox-marxistisch orientiert und mit der politischen Praxis der Arbeiterbewegung verbunden. Die Frankfurter Schule kennzeichnete dagegen eine kulturkritische Position. Man versuchte, die immanente Logik der gesellschaftlichen Entwicklung zu erfassen. Eine der Zielrichtungen der Kritik galt der instrumentellen Vernunft kapitalistischer Produktion und einem korrespondierenden wertfreien Pragmatismus in den Wissenschaften, der zu nichts anderem tauge als zur Legitimation des Status quo. Es handelte sich um eine sehr gründliche, alle Lebensbereiche umfassende Kritik, die sich allerdings bei Weisungen an die Praxis sehr zurückhielt, wenn nicht sogar versagte.

Die Wirkungen und Einsichten der Frankfurter Schule hat Michael Rutschky in seinen „Erinnerungen an die Gesellschaftskritik" so beschrieben:

„Das waren schöne Zeiten, damals. Da war die Welt noch in Ordnung. Da lag man, 20 Jahre alt, halbnackt im Freibad, ließ sich von der Sonne bescheinen, rauchte Peter Stuyvesant, schaute die Mädchen an, las – und wußte ohne jede Anfechtung durch einen Zweifel, daß die Welt vollkommen in Unordnung ist."

Es war der Sommer 1963, an den sich Rutschky erinnert und das Buch, das er las, war Adornos „minima moralia", ein Kultbuch der damaligen Zeit, dessen erster Satz im 5. Abschnitt Richtung und Meisterschaft Adornoscher Schriften zeigt: „Es gibt nichts Harmloses mehr."

Man muß bei der Würdigung der Wirkungen der Frankfurter Schule zwischen intellektueller Beeinflussung und öffentlicher Breitenwirkung unterscheiden. Sicher, für manchen Studenten war „minima moralia" ein „heiliges" Buch, wie Rutschky schreibt, aber die Zahl derjenigen, die es lasen, es mit ins Schwimmbad nahmen, war doch wohl eher gering. Überhaupt waren bis Mitte der 60er Jahre die Kenntnisse des Marxismus, der Kritischen Theorie und die Tradition „linker" Soziologie unterentwickelt. Schon in Frankfurt waren „die Frankfurter" ein Sonderfall – an manchen anderen großen soziologischen Fakultäten spielte die Richtung kaum eine Rolle. Ich selbst habe zwischen 1962 und 1966 in Münster Soziologie studiert und in dieser Zeit umfangreiche Literaturlisten durcharbeiten müssen, auf denen aber die gesamte Tradition der marxistischen Theorie fehlte. Gewiß, in Vorlesungen zur Geschichte der Soziologie wurde Marx behandelt und in dem einen oder anderen Seminar Adorno und Horkheimer, aber der größte Teil der Lehrveranstaltungen war der in Nordamerika entstandenen Systemtheorie vorbehalten, einem Musterbeispiel wertfreien Pragmatismus und Legitimation des Status quo. Seit 1964, dem 100. Geburtstag von Max Weber, dessen Erinnerung der damalige Deutsche Soziologentag gewidmet war, begann zusätzlich eine Max-

Weber-Renaissance, die trotz – oder wegen – der zum Teil brillanten historischen Analysen auch nicht gerade der Verbreitung Marxscher Gedankengänge förderlich war.

Die Frankfurter Schule bekam Mitte der 60er Jahre im Zusammenhang mit der Ausweitung einer allgemeinen Gesellschaftskritik größere Bedeutung, wobei allerdings ihre intellektualistisch-akademische Orientierung und ihre etwas versteckte Zuwendung zur Praxis – „in der Negation die Möglichkeit des Besseren vermuten" – einer allgemeinen Breitenwirkung doch hinderlich war. Größeren, allgemeinen Einfluß hatte Herbert Marcuse, der zwar auch auf der Basis historisch-materialistischer Analysen argumentierte, dessen Ausführungen aber weniger kompliziert und wohl auch weniger skeptisch waren und der vor allem Antworten auf die Fragen nach Handlungsalternativen bzw. Handlungszielen formulierte. Außerdem stärkte er das Selbstvertrauen eines Teils der APO.

7 Das Testament des Herbert Marcuse: Individuelle Lust statt gesellschaftlicher Leistung

Herbert Marcuse belegte und erklärte den Zusammenhang von kapitalistischen Produktionsmethoden und den Ausformungen des alltäglichen Lebens. Er beschrieb die Durchdringung, wie er es verstand, die Korrumpierung der Arbeiterschaft durch den ihr zugeteilten Wohlstand und befand, damit sei die Arbeiterschaft als revolutionäre Klasse ungeeignet, für immer verloren. Hoffnung auf Besserung in der Gesellschaft könne nur noch von „freischwebenden" Kräften kommen, den Studenten und Intellektuellen oder anderen „Außenseitern" wie Slumbewohnern. Nur solche Gruppen seien Hoffnungsträger gesellschaftlicher Entwicklung. Dies hatte bestärkenden und beflügelnden Einfluß auf studentische Aktionsgruppen. Das große Interesse an den ersten entstehenden Bürgerinitiativen und vor allem die Unterstützung solcher Aktivitäten in Slum- und Sanierungsgebieten hatten eine ihrer Wurzeln in der Orientierung, die Marcuse vermittelte.

Dies war die eine Wirkung der Schriften von Marcuse, eine andere betraf den Versuch der Zerschlagung der Verbindung zwischen der Triebstruktur des einzelnen und den gesellschaftlichen Zwängen. Marcuse hatte, wenn auch vielleicht in einigen Fällen überspitzt, recht deutlich den Zusammenhang zwischen den gesellschaftlichen Makrostrukturen und den individuellen Mikrostrukturen aufgezeigt und im Sinne historisch-materialistischer Analysen eine durchgehende Formierung der psychischen Strukturen des einzelnen im Interesse der ökonomischen Verhältnisse unterstellt. Hieraus ergaben sich für ihn – und bei der Anlage der Argumentation konnte das auch nicht anders sein – nicht reformerische Ziele, sondern nur (noch) der revolutionäre Ausweg aus einer quasi hoffnungslosen Situation. Lust statt Leistung war eine der Devisen, und sie war auf den ersten Blick ebenso überzeugend wie verlockend. Allerdings kann man sich im nachhinein der Einschätzung nicht entziehen, daß die Anlage seiner Analyse und die sich aus ihr entwickelnden Schlußfolgerungen ins gesellschaftliche Abseits führten, wenn man vermeiden will zu sagen, daß sie in die Irre führten.

Erstens war die Folge der durch Marcuse nahegelegten Avantgarde-Perspektive, daß die schon vorhandene Distanz und die vorhandenen Kommunikationsschwierigkeiten zwischen der Arbeiterschaft auf der einen und den linken Studenten und kritischen Intellektuellen auf der anderen Seite vergrößert wurden. Das hatte auch damit zu tun, daß die von den Studenten propagierte Negation der Leistung und ihre Zuwendung zum Lustprinzip schon aus Gründen der sozialen Existenz von der Mehrzahl der arbeitenden Bevölkerung kaum nachvollzogen werden konnte. Zwar war der Austausch des Leistungsprinzips mit dem Lustprinzip auch bei Studenten und Intellektuellen eher Programm denn soziale Realität, aber schon das Programm als solches genügte für die Distanzvergrößerung zwischen dem Großteil der Bevölkerung und einer sich als Speerspitze reformierender oder sogar revolutionierender Veränderungen verstehenden Intellektuellengruppe.

Man hat allerdings dabei zwei Dinge zu beachten. Trotz der Distanzvergrößerung gab es Einflüsse in breiten Schichten der Bevölkerung, denn ganz ohne Wirkung war die Kritik an dem menschenverzehrenden Leistungsprinzip nicht. Nach der Phase des Wiederaufbaus, der erfolgreichen Rekonstruktion kapitalistischer Produktionsweisen in der Bundesrepublik Deutschland gab es auch in der Bevölkerung ganz allgemein die Vorstellung, daß sowohl ein größerer Anteil am volkswirtschaftlichen Gesamtvermögen für Umverteilung nach unten zur Verfügung stehen sollte, als auch die Einsicht, daß weniger Leistung durchaus eine Perspektive für die kommenden Jahre sein könnte. Die theoretischen Begründungen der Studenten haben die Menschen meistens nicht verstanden, aber der Grundgedanke, daß beim Stand der gesellschaftlichen Entwicklung der arbeitenden Bevölkerung ein Mehr an Lohn und Lust zustünde, war durchaus allgemein vorhanden.

Zum zweiten darf man nicht übersehen, daß die Distanz zwischen den Studenten und der Bevölkerung vor allem von der konservativen Presse – hier ist an erster Stelle die BILD-Zeitung zu nennen – durch publizistische Kampagnen gezielt verstärkt wurde, da die auf Beharrung und Erhalt der entstandenen Machtunterschiede bedachten konservativen Kreise diesen Zwiespalt ausnutzten und einen Keil zwischen die Reformkräfte und die Bevölkerung zu treiben versuchten, was zum großen Teil auch gelang. Die Verteufelung der Studenten, deren prominentestes Opfer dann am Gründonnerstag 1968 der Studentenführer Rudi Dutschke wurde, ist vielfach angeprangert und nachgewiesen worden und fand nach dem Attentat auf Dutschke in den ohnmächtig-wütenden Anschlägen auf Springer-Pressehäuser eine Reaktion, die die Eskalation der Gewalt vorantrieb und der Rechtspresse erneutes Material lieferte.

Jedenfalls ist festzuhalten, daß das Prinzip der Leistungsabweisung unabhängig von der Frage der theoretischen Richtigkeit zunächst in politisch-praktischer Hinsicht die Studenten eher in die Isolation führte, daß sich von hier aus keine neuen Kommunikationschancen mit von den Verhältnissen betroffenen Menschen entwickelten, vielmehr die noch vorhandenen Kommunikationschancen eher verringert oder sogar zerstört wurden.

Es gibt noch einen dritten Punkt, der hier erwähnt werden muß, da er für die Beurteilung der Zusammenhänge und der nachfolgenden Entwicklungen wichtig ist. Die Thesen, die Herbert Marcuse formuliert hatte, fielen bei der akademischen Linken auch deshalb auf fruchtbaren Boden, weil ein Großteil der Mitglieder der Studentenbewegung, vor allem die aktiven, aus bildungsbürgerlichen Mittelschichtfamilien stammten. Die These, daß sich das Individuum von den gesellschaftlichen Zwängen befreien müsse und dies aufgrund individueller Entscheidung auch könne, hatte eine verblüffende Ähnlichkeit mit den altliberalen Vorstellungen bürgerlicher Individualität.

Vielleicht ist es diese Kongruenz gewesen, die die Gefahren dieser These, wenn man sie in die Realität umsetzt, unbedacht bleiben ließ. Denn aus der Abkoppelung von der gesellschaftlichen Entwicklung, aus dem Abdriften an den Rand der Gesellschaft bzw. in eine gesellschaftsferne Position entstehen noch keine neuen gesellschaftlichen Qualitäten. Menschen sind auf das Zusammenleben mit anderen Menschen angewiesen, und die vielfach beschriebenen gruppenpsychologischen Entwicklungen in den Studentengruppen, die sich von den gesellschaftlichen Zwängen befreien wollten, sind nicht nur ein Ergebnis der Unmöglichkeit, von heute auf morgen ganz neue Verhaltensweisen zu praktizieren, sondern auch ein Beleg für die positiven und negativen Folgen, die sich aus der Notwendigkeit zum Zusammenleben ergeben.

Sicher lag Marcuse im Trend, was die Kritik an verkrusteten Formen gesellschaftlichen Zusammenlebens anging. Seine Analyse der Zusammenhänge von Produktion und Kultur, Triebstruktur und Gesellschaft brachten das Unbehagen in das mittlerweile für viele Menschen deutlich gewordene Mißverhältnis von übersteigerter gesellschaftlicher Formierung und individuellen Handlungsmöglichkeiten auf den Punkt. Nur die Konsequenz, die Marcuse aus seinen Analysen zog, nämlich die Abkoppelung „freischwebender" Kräfte, führte ins

Leere, denn Individuen ohne Gesellschaft haben keine Geschichte und damit auch keine Zukunft.

Marcuse lag auch insofern im Trend, als er ein dysfunktional gewordenes Verhältnis von Außenkontrolle und Innenzwängen zur Diskussion stellt. Norbert Elias hat in seinem Klassiker „Über den Prozeß der Zivilisation" gezeigt, wie die psychischen und sozialen Bestandteile der menschlichen Existenz miteinander verknüpft sind. Die Beherrschung der Natur, Herrschaft über andere Menschen, Herrschaft über sich selbst und die Kontrolle von Inhalt und Formen der Wissensvermittlung sind miteinander verflochten. In aufeinanderfolgenden Phasen gesellschaftlicher Entwicklung verschieben sich die Dimensionen der vier Bereiche zueinander in kennzeichnender Weise. Allerdings kann nie einer der Bereiche dominant oder ganz überflüssig werden. Der langfristige Prozeß der gesellschaftlichen Entwicklung ist gekennzeichnet durch Schwerpunktverlagerungen von Problemen der Naturbeherrschung zu denen der Wissensvermittlung, ebenso wie durch die Veränderung äußerer Herrschaftsformen zu internalisierten Selbstzwängen.

In diesem Zusammenhang ist bei Marcuse die Überformung von Psyche und Libido ein bedeutsamer Aspekt, und auch in diesem Zusammenhang kann die Unterdrückung bzw. rigide Kanalisierung sexueller menschlicher Bedürfnisse als ein Ausdruck der Durchdringung der menschlichen Existenz von Ansprüchen kapitalistischer Produktionsweisen verstanden werden. Man kann allerdings aus diesen Zusammenhängen nicht einfach hinaustreten oder erwarten, daß die Mehrheit der Bevölkerung einen solchen Schritt mitvollzieht, auch wenn offensichtlich ist, daß sehr viele Menschen Kritik an obsolet gewordenen Selbstzwängen üben.

Das Beispiel der Sexualität macht dies in den 6oer Jahren besonders deutlich. Bereits seit Anfang der 6oer Jahre stieß die bisher recht rigide Form der Reglementierung von Sexualität in immer größeren Teilen der Bevölkerung auf Widerstand. Ein Widerstand, der in den gehobenen Schichten des Bildungs- und Besitzbürgertums in den 1920er Jahren bereits in die Tat umgesetzt worden war. Jetzt betraf er erstmals größere Teile der Bevölkerung. Das Thema Sexualität wurde bis in die Arbeiterschicht hinein zwischen den Partnern offener diskutiert. Das konnte allerdings nicht so weit gehen, daß die Formen libidinöser Freiheit gutgeheißen wurden, die bei den Kommunen, z. B. der spektakulären „K 1", nicht zuletzt aufgrund mißverständlicher Publikationen aus dieser Bewegung selbst vermutet wurden. Mehr Offenheit und auch mehr Selbstbestimmung in der Sexualität waren durchaus konsensfähig, aber die radikale Vorstellung freier Sexualität nach einem etwas veränderten altdeutschen Motto: „Urahne, Ahne, Mutter und Kind in freier Liebe zusammen sind", das wurde dann doch nicht akzeptiert.

Wenn man ein Fazit zieht zu der Entwicklung der Studentenbewegung und ihren gesellschaftlichen Einflüssen, dann muß man feststellen, daß die theoretisch-faszinierende, aber gleichwohl exzentrische Position allein schon es der Studentenbewegung schwer gemacht hätte, über längere Frist die gesellschaftliche Entwicklung innovativ und gestaltend zu beeinflussen. Hierzu kam dann die einseitige Parteinahme für den Vietkong und eine Vereinnahmung latein-amerikanischer Befreiungskriege unter die marxistischen Theorie. Hinzu kam auch eine eskalierende Überschreitung „bürgerlicher" Demonstrationsformen. Das begann mit intellektueller, zunächst noch sehr redlicher Diskussion über die Frage von Gewalt gegen Sachen und endete bei Terroranschlägen und der lustbetonten, inhaltsleeren Randale politikferner Gruppen.

Insgesamt war die Studentenbewegung in den wenigen Jahren, in denen sie als bewegende Kraft existierte, so widersprüchlich wie die Gesellschaft selbst. Sie hatte die gesellschaftliche Entwicklung forciert, aber mit der Überspitzung mancher Forderung auch retardierende Einflüsse. Eine solche Einschätzung versteht sich nicht als eine Kritik an der Studentenbewegung, sondern ist zunächst der Versuch zu erklären, warum bereits innerhalb der APO die Distanz zwischen den intensive und zum Teil auch aggressive Forderungen erhebenden Studenten und anderen Bereichen demokratischer Gesellschaftskritik mehr und mehr deutlich wurde und erst recht die Schere zwischen der Bewegung der Neuen Linken und der allgemeinen gesellschaftlichen Entwicklung immer weiter auseinanderklaffte. Aber Scherenblätter haben auch einen gemeinsamen Punkt. Diesen findet man ganz sicher in den Zeiten der APO zwischen 1966 und 1968 und, so unterschiedlich dann die reformerischen und die revolutionären Bestrebungen wurden, was sich nicht zuletzt in der Beteiligung der Sozialdemokraten unter Willy Brandt an der Einführung von Berufsverboten zeigte, so sehr hat diese Entwicklung doch auch einen gemeinsamen Ausgangspunkt. Nur ist dies eben kein Punkt, an dem eine Entwicklung begann, sondern einer, an dem sich bereits vorhandene, sehr unterschiedliche gesellschaftliche Teilentwicklungen wenigstens vorübergehend auf einem gemeinsamen Nenner trafen. Es zeigte sich bald, daß es ein gemeinsamer Nenner auf der Basis des kleinsten gemeinsamen Vielfachen war und damit zu schmal, um eine längere Zeit die zwar verwandten, aber doch auseinanderstrebenden Teilbewegungen zusammenzuhalten.

Teil II
Bildung wird Bürgerrecht

1 Die Bildungskatastrophe

Schon auf den ersten Blick zeigen Statistiken zur quantitativen Entwicklung des Bildungswesens für die Zeit nach 1960, daß eine Entwicklung in Gang gesetzt worden war, die bis in die 70er Jahre zu stetigen Zuwächsen im gesamten Bildungsbereich geführt hat. Betrachtet man z. B. die Zahl der Lehrer im gesamten Schulwesen, so sieht man, daß aus den 260.000 Lehrern des Jahres 1960 zehn Jahre später bereits 356.000 geworden waren. 1975 waren es bereits 590.000 und in 1980 schließlich fast 700.000. Auch die Zahl der Schüler und Studenten stieg in diesem Zeitraum überdurchschnittlich. Wurden 1960 120.000 Studenten gezählt, so waren es 1970 bereits 420.000 und im Jahr 1975 dann 840.000. In den Worten des Wirtschaftswissenschaftlers Rostow gesprochen, können wir die Jahre zwischen 1960 und 1965 als Anrollphase und die Zeit nach 1965 als take-off-Phase bezeichnen, d. h. eine in Gang gesetzte Entwicklung nahm einen unaufhaltsamen, sich z. T. selbststimulierenden Verlauf, in dem die Quantitäten sich mehr und mehr vergrößerten.

Nun liegt der Gedanke nahe, daß diese Steigerungen lediglich kongruent zum ökonomischen Wachstum der späten 50er und frühen 60er Jahre waren. Dies ist aber keineswegs der Fall. Die Steigerungen der Bildungsausgaben waren deutlich höher als die ähnlicher großer Bereiche sowohl beim Bund als auch in den Ländern. Die Gesamtsumme der öffentlichen Haushalte stieg zwischen 1955 und 1975 um den Faktor 5,6. Die Verteidigungsausgaben stiegen in diesem Zeitraum um den Faktor 5,3 und die der sozialen Sicherheit um einen ähnlichen Betrag. Die Ausgaben für das Bildungswesen stiegen aber in diesem Zeitraum fast um das 12fache. Es ist allerdings wichtig darauf hinzuweisen, daß der Großteil dieser Steigerungen erst nach 1960 stattfand.

Bis gegen Ende der 50er Jahre hatte das Bildungswesen in der Bundesrepublik zwar nicht unbedingt eine stiefmütterliche Behandlung erfahren, aber wie in manchen anderen Bereichen auch war nach 1945 die Chance eines Neubeginns nicht genutzt worden. Die föderalistische Struktur des bundesrepublikanischen Bildungswesens verhinderte eine einheitliche Gestaltung und ermöglichte länderspezifische Zielsetzungen, wobei je nach politischer Orientierung eine mehr oder weniger starke Ausrichtung an den Bildungsinhalten in der Zeit vor 1933 stattfand. Das Ergebnis war eine Zersplitterung des westdeutschen Bildungswesens, wobei sich im zeitlichen Ablauf in den Länderverwaltungen die Vorstellung festsetzte, die durch das Grundgesetz gegebene Gesetzgebungskompetenz stifte auch eine Planungsfähigkeit.

So trat das Bildungswesen im großen und ganzen auf der Stelle, in regionalen Bereichen wie z. B. im Rheinland gab es zwar Auseinandersetzungen über die Einführung der Gemeinschaftsschule, wobei sich liberale oder sozialistisch geprägte Eltern mit früheren Schülern und Lehrern der weltlichen Schulbewegung der Weimarer Zeit zusammentaten. Dies waren aber nur vereinzelte Aktivitäten, die im übrigen nicht von den ländereigenen Schulverwaltungen initiiert worden waren und auch an der nach 1945 hauptsächlich von der katholischen Kirche durchgesetzten Konfessionalisierung vor allem der Volksschulen wenig ändern konnten.

Ansonsten gab es kaum Bewegung. Das einzige, was in den 50er Jahren festzustellen ist, ist eine Ausdehnung der Spezialisierung insbesondere in den Gymnasien, ohne daß dem eine gestaltende Grundidee zugrunde gelegen hätte. Es gab zwar einen 1953 von Bund und Ländern gegründeten „Deutschen Ausschuß für das Erziehungs- und Bildungswesen". Dieser legte 1958 als Abschlußbericht seiner Arbeiten einen Rahmenplan vor, der aber auch nur sehr vereinzelte Änderungsvorschläge an dem bestehenden System enthielt. Der einzige substantielle Vorschlag betraf die Einführung einer zweijährigen Förderstufe im Anschluß an die Grundschulzeit. Dieser Vorschlag, der Fehler einer Frühauslese korrigieren sollte, wurde aber von den Ländern, mit Ausnahme der Stadtstaaten, nicht aufgegriffen. Es war auch im eigentlichen Sinne kein Vorschlag zu einer Änderung der Struktur, sondern sollte lediglich die Zuweisung von Schülern innerhalb des dreigliedrigen Sekundarschulwesens verbessern. So ist es kein Wunder, daß ein Gutachten der OECD – ein sogenanntes Länderexamen – zur Bildungspolitik und Bildungsplanung in der Bundesrepublik festhalten konnte, daß der vorherrschende Wunsch der Deutschen – nach einem völligen gesellschaftlichen Zusammenbruch und den damit verbundenen materiellen Entbehrungen – zu ganz normalen Zuständen zurückzukehren, sie davon abgehalten habe, mit neuen Gesellschafts- und Bildungsreformen zu experimentieren. Wörtlich heißt es in dem Bericht: „Gleichgültig, wie man diese Lebenseinstellung bewertet, einer grundlegenden Gesellschaftsreform war sie sicherlich nicht förderlich." Zwei gut unterrichtete Beobachter der deutschen Bildungsszene haben daher nicht zu Unrecht gesagt, die Jahre von 1946 bis 1966 seien im wesentlichen zwei Jahrzehnte der Nicht-Reform gewesen.

Was den institutionellen Bereich betrifft, so kann die zeitliche Fixierung auf diese zwei Jahrzehnte als relativ richtig bezeichnet werden. Sie stimmt nicht im Hinblick auf die inhaltlichen Vorbereitungen für die nach 1965 auch institutionell wirksam werdenden Reformen, ganz davon abgesehen, daß es eine Reihe von benennbaren Gründen gibt, warum es mindestens seit 1961 ein Umdenken auch auf der institutionellen Seite des Bildungswesens gegeben hat. Man kann sogar sagen, daß wir Anfang der 60er Jahre ganz deutlich eine Wende in der Bildungspolitik beobachten können, ein plötzliches Interesse an der Bildung als Produktionsfaktor oder als „kapitalbildender Prozeß", wie sie schon Lorenz von Stein 1876 in seiner Verwaltungslehre bezeichnet hat. Die Faktoren, die zu der plötzlichen Wende geführt haben, lassen sich recht genau benennen.

1957 war es der Sowjetunion gelungen, einen ersten Satelliten in eine Umlaufbahn um die Erde zu katapultieren. Dessen Funksignal, ein kontinuierliches Piep-piep-piep, tönte aus allen Radios und versetzte insbesondere den Amerikanern, die sich schon damals als auch technisch führende Nation der Welt verstanden, einen tiefen Schock, der naturgemäß auch bei den westlichen Verbündeten entsprechende Auswirkungen hatte. Man sah die technologische Vorrangstellung, vor allem auf dem Rüstungssektor, bedroht und forcierte in den Jahren danach die naturwissenschaftliche Ausbildung in den Schulen. In der Bundesrepublik gab es noch einen zusätzlichen Grund. Der Bau der Berliner Mauer und die Errichtung einer wirkungsvollen Absperrung zwischen der DDR und der Bundesrepublik in den darauffolgenden Wochen stoppten einen ständigen Zustrom qualifizierter Arbeitskräfte.

Zwischen 1950 und 1961 kamen mehr als 3,5 Millionen Ostdeutsche über die Grenze zwischen der Bundesrepublik Deutschland und der Deutschen Demokratischen Republik, davon eine knappe Million zwischen 1958 und 1961, wobei allein im Jahr des Baus der Berliner Mauer in den siebeneinhalb Monaten bis zum 13. August 233.000 Menschen in den „Westen" flüchteten. Diese Flüchtlinge waren für das westdeutsche System nicht nur wegen ihrer beruflichen Qualifikation interessant, sondern auch deshalb, weil ihre Ausbildungskosten von der anderen Seite gezahlt worden waren. Was eigene Anstrengungen zum Ausbau des Bildungs- und Ausbildungswesens zumindest verlangsamte.

Dies wurde nach dem Bau der Mauer anders, wobei die Bundesrepublik zwei unterschiedliche Wege einschlug, um Qualifikation und Quantität der Arbeitskräfte zu sichern. Der eine Impuls verstärkte das Interesse an einer Neuorientierung der Bildungspolitik. Ein ganz anderer ging in die Gastarbeiterpolitik, in deren Rahmen unqualifizierte bzw. gering qualifizierte Arbeitskräfte im Ausland auf Zeit angeworben wurden. Im Gegensatz zu der Beschäftigung von ausländischen Arbeitskräften in England, Frankreich und in der Schweiz, wo hauptsächlich Hilfskräfte im Dienstleistungsbereich angeworben wurden, waren in Deutschland die Ausländer vor allem für die Arbeitsplätze vorgesehen, die hohe körperliche Anforderungen stellten und auch zu einem großen Teil schmutzig und teilweise gefährlich waren. Dies hatte vor allem mit demographisch-historischen Gründen zu tun. Aufgrund der Kriegstoten gab es einen erheblichen Frauenüberschuß bei den 15-64Jährigen. Diese demographische Lücke mußte nach 1961 durch die Beschäftigung ausländischer Arbeiter ausgeglichen werden. Ein weiterer Grund zur Beschäftigung ausländischer Arbeitskräfte bestand in der hohen Arbeitsintensität verschiedener Branchen, die so plötzlich nicht durch eine kapitalintensive Produktion abgelöst werden konnten, sei es, weil das entsprechende Kapital und/oder die dafür notwendige Zeit nicht zur Verfügung standen.

Es gibt eine ganze Reihe von wirtschaftswissenschaftlichen Abhandlungen, die den bis heute unbeantworteten Fragen nachgegangen sind, ob die Beibehaltung an und für sich wettbewerbsschwacher Produktionszweige durch Anwerbung billiger ausländischer Arbeitskräfte die Strukturkrise, die ab 1975 sich immer deutlicher entwickelte, verstärkt hat oder sie nur hinausgeschoben hat oder ob sie gar keinen Einfluß gehabt hat. Was die Bildungspolitik angeht, so hat der im Zuge der Beschäftigung von ausländischen Arbeitskräften einsetzende Familiennachzug nach 1975 vor allem das Primarschulsystem vor ganz erhebliche Probleme gestellt, die aber – und dies ist eine indirekte Folge bildungspolitischer Reformbemühungen – relativ gut bewältigt wurden. Wir werden darauf noch zurückkommen.

Es kann dahingestellt bleiben, ob der Bau der Berliner Mauer die Bestrebungen deutscher Wissenschaftler um eine Verbesserung des Bildungssystems zusätzlich beschleunigt hat oder ob dies vielleicht der auslösende Faktor für eine intensive Beschäftigung mit den Problemen des Bildungssystems war. Das herausragende Dokument aus einer Vielzahl von Arbeiten von Pädagogen, Erziehungswissenschaftlern und Bildungsforschern aus den Jahren vor und nach 1960 ist ganz sicherlich das 1964 erschienene Buch von Georg Picht „Die deutsche Bildungskatastrophe". In dieser Streitschrift, die er zuvor schon in einer Artikelserie der Zeitschrift „Christ und Welt" veröffentlicht hatte, wurden die Schwachpunkte des deutschen Bildungssystems analysiert und dokumentiert sowie Vorschläge für ein umfassendes Reformprogramm gemacht. Die zentrale These von Picht war: „Unser Bildungssystem entspricht nicht den Wandlungen eines hochindustriellen Wirtschaftssystems." Das noch bis ins 19. Jahrhundert zurückreichende Bildungskapital hätte zwar noch die Überwindung des wirtschaftlichen Zusammenbruchs am Ende des 2. Weltkrieges möglich gemacht, wäre aber jetzt aufgebraucht, und es wäre absehbar, daß den nachfolgenden Generationen nunmehr nur ein „relativ geringes geistiges Kapital" hinterlassen werde. Mittlerweile stehe die Bundesrepublik in der vergleichenden Schulstatistik neben Ländern wie Irland und Portugal am untersten Ende und es stünde ein *Bildungsnotstand* bevor, der identisch mit wirtschaftlichem Notstand sein werde. Ohne ausreichende Zahl qualifizierter Nachwuchskräfte wäre die Wirtschaft der Bundesrepublik bald am Ende.

Georg Picht schlug als eine Art Notstandsprogramm einen Bildungsgesamtplan vor, der drei inhaltliche Schwerpunkte hatte und außerdem eine Neuordnung des gesamten Systems der Kultusverwaltung vorsah. Die inhaltlichen Punkte waren:

— Modernisierung des ländlichen Schulwesens,
— Verdoppelung der Abiturientenzahl,
— Ausbildung der notwendigen Lehrer,

und zwar innerhalb von 10 Jahren.

2 Eine neue wissenschaftliche Disziplin entsteht: die Bildungsforschung

Wie so oft bei gesellschaftlichen Entwicklungen bedarf es schließlich eines letzten Anstoßes, um einen neuen Entwicklungsschub in die Wege zu leiten. Was die westdeutsche Bildungspolitik angeht, so war das Buch von Picht mit seinem plakativen Titel ein solcher Anstoß.

Von da an war die deutsche Bildungskatastrophe in aller Munde, aber man soll nicht übersehen, daß hier nur ein letzter Stein eingefügt wurde in ein Mosaik, an dem viele Pädagogen und Erziehungswissenschaftler schon seit mehr als 5 Jahren gearbeitet hatten. Es ging dabei im wesentlichen um Fragen nach der Länge des Studiums, des Verhältnisses von Bildung und Erziehung. Kritisch wurde diskutiert, ob die Universitäten im Sinne der Humboldtschen Universität des 19. Jahrhunderts stärker oder fast ausschließlich der Vorbereitung und Unterstützung individueller Bildungsanstrengungen dienen oder stärker als bisher eine Stätte der Berufsausbildung werden sollten.

Da spielte die Frage der Stoffauswahl in den Gymnasien ebenso eine Rolle wie die Frage, ob die Berufsqualifikationen in die Lage versetzten, die durch technische Entwicklungen notwendig werdenden Umorientierungen in andere Berufe zu schaffen, ob also die mit neuen technischen Innovationen zunächst verbundene Dequalifikation vorhandener Arbeitskräfte von diesen selbst oder durch institutionalisierte Weiterbildung in eine neue Qualifikation verwandelt werden konnte. Ein Problem, das heute im Zusammenhang mit Computertechnologien immer noch akut ist und wofür es immer noch keine befriedigende Lösung gibt.

Aber neben den klassischen erziehungswissenschaftlichen bzw. wissenschaftlich-pädagogischen Diskussionen war auch eine neue Richtung empirischer Forschung entstanden: *Bildungsforschung* ist heute ein fester Bestandteil der empirischen Forschung in den verschiedensten Teilen unseres Bildungssystems, aber als ein eigenständiger Sektor entwickelte sich dieses Gebiet erst nach 1960. Aus der Fülle der Ergebnisse der ersten Phase der Bildungsforschung sind vor allen Dingen drei Bereiche zu nennen, die die Bildungspolitik und die Planung der Bildungsinhalte nachhaltig beeinflußt haben.

Das *erste* Ergebnis betraf die Unterschiede in den Schülerzahlen an Real- und höheren Schulen und bei den Abiturientenzahlen in den einzelnen Ländern der Bundesrepublik. Es zeigte sich, daß es nicht nur die bekannte soziale Ungleichheit der Bildungschancen gab, sondern auch eine regionale. Die Entfaltungsmöglichkeiten des einzelnen, das wurde durch mehrere Untersuchungen bestätigt, wurden nicht nur durch seine soziale Stellung beeinflußt, sondern hingen auch davon ab, in welchem Bundesland man aufwuchs. Es liegt auf der Hand, daß sich hieraus für die Bildungspolitik im Sinne des Grundgesetzgebotes der Gleichwertigkeit der Lebensverhältnisse Handlungsnotwendigkeiten ergaben.

Ein *zweiter* wichtiger Bereich, in der empirische Bildungsforschung grundlegende Erkenntnisse gewinnen konnte, befaßt sich mit dem Zusammenhang von sprachlichen Möglichkeiten von Schülern aus verschiedenen sozialen Schichten. Ausgelöst durch eine erste Untersuchung des englischen Soziologen Basil Bernstein, der diese Thematik an einer relativ kleinen Zahl von Fällen untersuchte, wurde in verschiedenen Untersuchungen nachgewiesen, daß es eine Kausalkette gibt von sozialer Schicht über sprachliche Geschicklichkeit bis hin zum Schulerfolg. Es zeigte sich, daß bei Kindern unterschiedlicher sozialer Gruppen schon mit dem Schuleintrittsalter so erhebliche Unterschiede in den sprachlichen Fähigkeiten existierten, daß Schulerfolg bzw. Mißerfolg vor allem auf weiterführenden Schulen vorprogrammiert war.

Diese Forschungen hatten sehr praktische Bedeutung. Wollte man verhindern, daß Schule nur die durch Familienherkunft existierenden sozialen Unterschiede und die daraus resultierenden Herrschaftsverhältnisse verfestigte, bedurfte es einer frühzeitigen Kompensation in der Spracherziehung. Die Übernahme der Vorschulfernsehserie „sesame-street", die in Nordamerika ursprünglich ein kompensatorisches Programm für ethnische Gruppen war, erfolgte in Deutschland mit der „Sesamstraße" in Blickrichtung auf die Kompensation von Chancengleichheit.

Der *dritte* bedeutende Forschungsbereich befaßte sich mit den Voraussetzungen von Begabung, Lernfähigkeit und Lernleistungen. Es zeigte sich, daß die alte Vorstellung dominanter Erbanlagen nicht aufrechterhalten werden konnte, Fähigkeiten und Leistungen nicht nur Voraussetzungen, sondern auch Ergebnis eines erfolgreichen Unterrichts sind. Dies führte in der Praxis dazu, daß stärker als bisher die Förderung vieler Kinder anstelle einer Auslese Begabter in den Mittelpunkt rückte. Hier haben sowohl die Orientierungsstufe als auch bestimmte Grundgedanken der Gesamtschule ihre theoretische Grundlage.

Aus der Bildungsforschung entwickelte sich auch eine Bildungs-„Werbung". Damit sind Versuche bezeichnet worden, durch Information über Bildungschancen die festgestellten Benachteiligungen von Arbeiter- und Bauernkindern, katholischen Kindern und Mädchen abzubauen. Solche Bildungswerbung entstand vor allem in Südwestdeutschland. Eine dieser Aktivitäten hatte ihren Ausgangspunkt in einem Seminar, das Ralf Dahrendorf 1962 über soziale Ungleichheit abhielt. Seine These von der Bildung als Bürgerrecht war auch in Freiburger Initiativen zentrale Orientierung, die Studenten zur Bildungswerbung („Schickt Eure Kinder länger aufweiterführende Schulen!") aufs Land aussandten.

3 Das Bildungssystem wird reformiert

So machten sich die Bildungsinstitutionen von Bund und Ländern daran, das Bildungssystem quantitativ und qualitativ auszubauen. In wenigen Jahren wurden Schulen und Hochschulen einer durchgreifenden Veränderung unterzogen bzw. die entsprechenden Reformen in Angriff genommen. Vergleicht man die Bildungslandschaft Mitte der 80er Jahre mit der zu Mitte der 60er Jahre, dann kann man große Unterschiede sehen, deren wichtigste Schritte bereits in der zweiten Hälfte der 60er Jahre erfolgten.

Selbst wenn man nur einige Veränderungen im Schulwesen herausgreift, Veränderungen, die heute bereits Normalität geworden sind, dann kann man bereits verstehen, wie groß die Reformanstrengungen waren, und welche Aufbruchstimmung die Beteiligten erfaßt hatte. Von der Einführung des 10. Schuljahres über die Einführung einer obligatorischen Fremdsprache ab Klasse 5 oder die Einführung des Faches Arbeitslehre (polytechnischer Unterricht) bis zur größeren

Durchlässigkeit beim Übergang von der Hauptschule und der Realschule ins Gymnasium reicht die Spannweite der Veränderungen. Auch die von Picht verlangte Veränderung der Ausbildung der Lehrer wurde in die Tat umgesetzt. Um eine weitere Verwissenschaftlichung des Unterrichts zu erreichen, wurde differenziert nach Schultypen ausgebildet und für die Hauptschule das Fachlehrerprinzip eingeführt.

Angestrebt wurde, daß schließlich 25% eines Jahrganges eine Hochschulausbildung erhalten sollten, ein Wert, der damals utopisch erschien, mittlerweile aber annäherungsweise erreicht worden ist. Der Ausbau des Hochschulwesens war damit programmiert. Die Gründung zahlreicher neuer Universitäten sowie der Ausbau des Fachhochschulwesens waren die Folge, wobei der Zeitpunkt der jeweiligen Gründungen mitbestimmend war für die inhaltlichen Strukturen der jeweiligen Universität. Die Ruhr-Universität Bochum war im Jahre ihrer Gründung 1963 noch als Ordinarien-Universität geplant. Bielefeld, zwei Jahre später konzipiert, hatte bereits die Reform der Ordinarien-Universität im Hinblick auf bessere Forschungsleistungen und Forschungsmöglichkeiten zum Ziel, und die wiederum um einige Jahre später erfolgende Gründung der Gesamthochschule Kassel stand ganz im Zeichen einer kritischen Haltung zu gesellschaftlichen Entwicklungen.

Die Anstrengungen der Institutionen von Bund und Ländern bekamen nämlich im Verlauf der 60er Jahre im Zusammenhang mit den gesellschaftskritischen Bewegungen Konkurrenz durch inhaltliche Forderungen an den Bildungsbetrieb. Sicherlich übernahmen die Planungsgremien der Kultusminister auch gesellschaftskritische Inhalte. Ihr ganzer Reformansatz war in gewisser Weise auch Kritik an den herrschenden Verhältnissen, aber die zwischen 1966 und 1968 einsetzende Radikalität der gesellschaftskritischen Diskussionen hat sie unvorbereitet getroffen, überrascht und zeitweise gelähmt.

4 „Schule den Schülern" und „Studium ist Opium": Die 2. Phase der Bildungsreform

Eine ganze Reihe von Bestrebungen kam, den kritisch-theoretischen Grundlagen durchaus entsprechend, „von unten". Sie betrafen sowohl Formen als auch Inhalte. Gegenstand der Diskussion an den Schulen und Universitäten wurde z. B. sehr schnell die Frage der Berechtigung von Zensuren. Die Abschaffung des Zensuren-„Terrors" war eine der Forderungen. Die Radikalität der Forderungen hatte nicht nur etwas mit der theoretischen Orientierung zu tun. Das relativ starre Zensurensystem der höheren Schulen als auch die Nutzung der Zensuren als nahezu einziges Selektionskriterium in vielen Universitätsfächern war z. B. allen, die auf die Schule gingen oder studierten, geläufig. Ich erinnere mich an wirtschaftswissenschaftliche Klausuren, bei denen nicht nur die Zahl der richtigen Antworten entscheidend war, sondern auch die Regel bestand, daß mindestens 30% der Teilnehmer die Klausur nicht bestanden.

Aber es waren nicht die Zensuren allein, die die Diskussionen an den Universitäten bestimmten. Von einer gründlichen Reform der Studieninhalte über die Abschaffung der Ordinarien-Universität („Unter den Talaren der Muff von 1000 Jahren") zugunsten einer paritätisch geregelten Mitbestimmung bis hin zum politischen Mandat der Gruppen an der Universität reichten die Ziele der Erneuerung. Permanente Studienreform und alltägliche politische Auseinandersetzung in der mittlerweile an die Stelle der Ordinarien-Universität getretenen Gruppen-Universität bestimmten seitdem mal nervend-zeitraubend, mal intellektuellbefreiend die Diskussionen und das Klima an den Hochschulen.

An den Schulen richteten sich die Reformaktivitäten z. B. gegen das relativ starr gehandhabte Prinzip des Klassenverbandes. Die Abschottung der einzelnen Klassen mit ihren auf Jahre etablierten Sozialbeziehungen wurde als Instrument der Herrschaftsausübung kritisiert. Man fühlte sich gefangen in einer kleinen, konformen Druck ausübenden Gruppe und plädierte vehement für ein System von Kursen und Leistungsgruppen. Da die Abschaffung des Klassenprinzips nicht vom Aufbau eines angemessenen Systems von Tutorien mit entsprechender Beratung begleitet wurde, ging auch ein Teil der Geborgenheit des alten Klassenverbandes verloren. Dies wurde erst später begriffen. Auch die Mitbestimmung wurde unter dem Schlagwort „Schule den Schülern" weit über das Maß der damals praktizierten Schülerselbstverwaltung eingefordert und von einem Teil der Lehrerschaft unterstützt.

Es waren im wesentlichen die jungen, neuen Mitglieder der Lehrerkollegien, die offen oder verdeckt mit den Forderungen der Schüler sympathisierten. In den 60er Jahren erfolgte eine Verjüngung der durch die Kriegsfolgen überalterten Lehrerkollegien, wobei diejenigen Lehrer, die nach 1966 für ein Lehramt studierten, dann in besonderer Weise auch von kritischen Fragestellungen bestimmt wurden.

Insgesamt sollten das schichtspezifische und damit bestehende Herrschaftsverhältnisse stabilisierende Bildungssystem abgelöst, die durch Schule und Hochschule vermittelten gesellschaftlichen Zwänge aufgebrochen werden. Dies war etwas anderes als der von den Bildungsplanern durchaus intendierte Abbau der sozial-politischen Mechanismen, die bis dahin durch die empirisch nachweisbare Klassenabstufung zwischen Gymnasien, Real- und Volksschulen existierte. Ein Mechanismus, von dem Georg Picht geschrieben hatte, daß er bedeutsamer sei als die ganze Sozialpolitik. Jetzt ging es zusätzlich darum, Form und Inhalte zu durchforsten, wobei relativ schnell erkennbare Verzerrungen der gesellschaftlichen Realität in der Darstellung von Arbeitern und Bauern oder von Frauen in der Schulbüchern auf der Hand lagen, während komplizierte Probleme wie die Struktur von Texten erst die Entstehung bzw. Weiterentwicklung einzelner Fächer wie z. B. der Sozio-Linguistik erforderten bzw. vorantrieben.

Es waren vor allem die Sozialwissenschaften, die die Lehrerausbildung immer stärker beeinflußten und in den entsprechenden Studiengängen Fuß faßten. Das Bild einer neuen demokratischen Gesellschaft, die für viele in einer sozialistischen Gesellschaft bestand, stand im Mittelpunkt der gesellschaftswissenschaftlichen Orientierung der

Lehrerstudenten und führte auch zu einer gesellschaftskritischen Reform der Rahmenrichtlinien, wobei jene für Gemeinschaftskunde oder Deutsch verständlicherweise davon wesentlich stärker betroffen waren als die für Mathematik. Diese Bestrebungen waren allerdings nicht auf die Ausbildung der Lehrer beschränkt, sondern betrafen mehr und mehr alle universitären Ausbildungsrichtungen.

Wenn man 15 Jahre später einen Blick auf die damaligen Ansätze wirft, so kann man leicht erkennen, daß die „Blütenträume", durch Bildungsreform und eine gesellschaftskritische Pädagogik eine neue Gesellschaft zu formen und die Praxis des Unterrichts als Praxis der gesellschaftlichen Veränderungen zu verstehen, nicht lange währten. Nachdem sich die Institutionen der Bildung allmählich von ihrem ersten Schrecken erholt hatten, der Überraschungseffekt dahin war, kam es zu einer entsprechenden Reaktion. Selbstgeschaffene Freiräume wurden wieder eingeengt, das ganze Instrumentarium von Schulaufsicht und Professorenallmacht genutzt, die Vorwärtsbewegungen zu stoppen. Zwar gelang es nicht, zum Status quo zu Mitte der 60er Jahre zurückzukehren, aber die Utopien eines freien und selbstbestimmten Lernens wurden dann doch im Regelwerk der Kulturhoheit der Länder und der Autonomie der Universität und ihrer Fakultäten kleingemahlen.

Außerdem dürfen zwei Punkte nicht außer acht gelassen werden, die ebenfalls dazu führten, daß die engagierten Lehrer nach und nach erlahmten und das seinerzeit angestrebte höhere Bildungsniveau inzwischen zu einem sich spezialisierenden Leistungsdrang degeneriert war. Neben den Reaktionen der Institutionen spielten hier zwei Punkte eine besondere Rolle. Erstens war es eben nur ein Teil der jüngeren Lehrer, der sich entsprechend engagierte. So wie beim Engagement der Studenten in dem ganz andere Beteiligungsverhältnisse vorspiegelnden Begriff der Studentenbewegung, waren es hier wohl auch nur knapp 10%, die zum aktiven Kern gezählt werden konnten. Ein Teil dieser engagierten Lehrer ist mittlerweile in freie Schulen oder alternative Projekte abgewandert, was die Chancen, die Verhältnisse an den regulären Schulen, die nach wie vor von 99% der Schüler besucht werden, zu verändern, weiter abgeschwächt hat. Durch den Einstellungsstopp der Lehrer seit Anfang der 80er Jahre war im übrigen absehbar, daß das Durchschnittsalter der Lehrer langsam ansteigen würde und für die 90er Jahre eine Überalterung der Lehrerkollegien absehbar war, wie sie aufgrund der Kriegsfolgen Anfang der 60er Jahre bereits einmal bestand. Aber wahrscheinlich kommt das Bildungssystem insgesamt ohne Wellenbewegungen dieser Art nicht aus.

Das gilt auch wohl für den zweiten, die Reformbestrebungen behindernden Punkt, die Entstehung eines mittlerweile sehr differenzierten Systems von Zugangsbeschränkungen für prestigereiche Fächer, den sogenannten Numerus clausus.

5 Die dritte Phase: Der Numerus clausus als gesellschaftspolitischer Rückschlag

Daß einzelne Universitäten oder die Hochschulen insgesamt die Zulassung zum Studium beschränken, ist nicht neu. Es gab bereits im 19. Jahrhundert Zulassungsbeschränkungen für prestigereiche Fächer wie Medizin und Jura. Nach dem 2. Weltkrieg war dann z. B. die Zulassung zum Studium der Pharmazie einem strengen Numerus clausus unterworfen, dessen Grund vor allem in der damals noch durch Standesrecht beschränkten Zahl der Apotheken lag.

Nach 1960 begannen dann einzelne Universitäten die Zulassung zum Studium der Medizin und Tiermedizin zu beschränken, gegen Ende der 60er Jahre gab es für diese Fächer an allen Universitäten einen Numerus clausus. Ein geregeltes System der Zulassungsbeschränkung entstand allerdings erst nach 1972, als das Bundesverfassungsgericht in einem Urteil Rahmenbedingungen für Zulassungsbeschränkungen formulierte. Die 1973 gegründete ZVS war eine Folge des Urteils.

Daß man heutzutage die Abkürzung ZVS nicht näher erläutern muß, zeigt, wie sehr das mittlerweile auf weitere Fächer ausgedehnte System der Zulassungsbeschränkung zum Studium an den Hochschulen und z. T. auch Fachhochschulen zum Allgemeinwissen gehört. Weniger bekannt, jedenfalls was die Öffentlichkeit angeht, sind die Folgen für den Schulunterricht.

Bereits Mitte der 70er Jahre hatte sich ein Auswahlkriterium für die Zulassung, der Notendurchschnitt, als alleiniger Maßstab durchgesetzt. Der Kampf um eine möglichst gute Durchschnittsnote auf dem Abiturzeugnis bestimmte fortan das Klima an den höheren Schulen und zerstörte gleichzeitig einen Großteil der in den 60er Jahren begonnenen Reformbestrebungen. War in den 60er Jahren über die Angemessenheit von Zensuren noch inhaltlich diskutiert worden, so galt die ungeteilte und unkritische Aufmerksamkeit von Lehrern und Schülern nicht mal mehr der einzelnen Note und den Leistungen im einzelnen Fach, sondern nur noch dem Notendurchschnitt. Die Durchschnittsnote war der Fetisch, um den sich alles drehte und in dessen Schatten Diskussionen um Lehrinhalte, Stoffauswahl oder Fächerkombinationen an Bedeutung verloren.

Angesichts der starken Wünsche nach Mitbestimmung und der Orientierung an gesellschaftlicher Solidarität, die die Diskussion um und in der Schule in der zweiten Hälfte der 6oer Jahre bestimmte, ist es wirklich erstaunlich, auf wie wenig Widerspruch das System der Zulassungsbeschränkungen stieß. Wahrscheinlich saßen die Wurzeln einer individuellen Leistungsorientierung doch tiefer, als daß diese mit rationalen Argumenten hätten relativiert werden können. Der Kampf um den Notendurchschnitt gab jedem seine vermeintlich gleiche Chance, dabei war doch z. B. sehr entscheidend, in welcher Region man auf welche Schule ging oder wieviel Geld die Eltern für Nachhilfeunterricht aufbringen konnten. Eine Solidarität konnte sich auch deshalb nicht entwickeln, weil der individualistische Wettbewerb diejenigen mit dem guten Notendurchschnitt meinen ließ, sie seien wirklich tüchtiger und eine Rangfolge der Bewerber sei ein naturwüchsiges Produkt.

Da verwundert es dann schon nicht mehr, wenn die offizielle Begründung des Numerus clausus, nämlich ökonomische Zwänge bei der Finanzierung der Hochschulen, unkritisch hingenommen und weitergehende Überlegungen zu gesellschaftlichen Gründen kaum angestellt wurden. Dabei ist ganz offensichtlich, daß der Numerus clausus eine in den 6oer Jahren durchaus auch angestrebte Folge der Bildungsreform korrigierte, nämlich den Abbau schichtspezifischer Auswahlkriterien beim Besuch der höheren Schule und des Hochschulstudiums. Erstmals – und das ist auch der Grund, warum hier so ausführlich über den Numerus clausus geschrieben wird – war nämlich die tradierte Sozialstruktur der akademischen Berufe ins Schwanken gekommen. Bis in die 6oer Jahre hatten den materiell gut dotierten Akademikerstellen lediglich entsprechende Prozentzahlen eines Alters Jahrganges an Abiturienten gegenübergestanden. Auch unter den Rahmenbedingungen einer an Leistung orientierten sozialen Marktwirtschaft war dies zunächst nicht anders gewesen. Bis in die 6oer Jahre hinein war die Verteilung der akademischen Bildungschancen sehr stabil geblieben und erst die dann einsetzenden Anstrengungen zu einer Reform des Bildungswesens hatten dazu geführt, daß nun den Prinzipien der Leistungsgesellschaft entsprechend beim Kampf um die Akademikerstellen immer mehr Bewerber auftraten und dabei Vererbung und Vermögen immer mehr an Bedeutung verloren. Es schien so zu sein, als ob die familiäre Herkunft nicht mehr viel bedeutete und nicht länger relativ reibungslos in ein entsprechendes Statusniveau umgewandelt werden konnte.

Über die gesellschaftliche Bedeutung des Numerus clausus wäre noch viel zu sagen, aber es würde doch von den 6oer Jahren wegführen, so etwa, wenn man die weiteren Entwicklungen des Zulassungsverfahrens untersuchen würde, in dem die Durchschnittsnote inzwischen an Bedeutung verloren hat und auch das persönliche Urteil einzelner Professoren wieder zur Zulassung führen kann oder die Tatsache, daß ein Großteil der durch die Bildungsreform gewonnenen Abiturienten aus Arbeiter- und Angestelltenfamilien ins Lehrerstudium dirigiert wurde und nun ohne die einst verheißenen Akademikerstellen in die Arbeitslosigkeit wieder ausgegrenzt wird. So sorgt die Bildungspolitik auf sehr diskrete Weise dafür, daß die altgewohnten

Ansprüche eines kleineren Teils der Gesellschaft auf die nachwachsende Generation doch weitervererbt werden können.

Ich habe das Thema Numerus clausus an dieser Stelle vor allem deshalb aufgegriffen, weil man an ihm sehen kann, wie kurz gesellschaftlich nicht breit verankerte Reformschritte geraten können, obgleich, und das ist wichtig festzuhalten, zunächst ein Potential entstanden war, das durchaus auch zu anderen Entwicklungen hätte führen können. Ein solches Beispiel will ich zum Abschluß dieses Kapitels noch diskutieren. Erfolge oder Mißerfolge im Bildungswesen kann man nicht kurzfristig messen, sondern ist bei den langen Ausbildungszeiten notgedrungen darauf angewiesen, mit etwa 10jähriger Verspätung Entwicklungslinien nachzuzeichnen. Die Auf- und Umbruchstimmung im Bildungswesen der 60er Jahre kann deshalb nur indirekt an den langfristigen Ergebnissen beurteilt werden.

Durch die Orientierung an der Durchschnittsnote, die alle weiteren Entscheidungen über Fächerwahl und Lernintensität der Schüler bestimmte, kamen die Gymnasiallehrer unverhofft in eine erneut sehr starke Position. Von Zensurenbruchteilen, von den Stellen hinter dem Komma, konnten Erfolg und Mißerfolg der höheren Schulzeit abhängen. Die Lehrer waren gezwungen, Schicksal zu spielen, und sie nahmen diese Rolle auch auf sich. Hatten sie doch nun ein Instrument der Disziplinierung an der Hand, auf das zu verzichten schwerfiel. Daß dies nicht so sein mußte, daß es als Ergebnis der Entwicklung der 60er Jahre durchaus Potentiale einer stärker an den Problemen der Schüler orientierten Möglichkeit des Unterrichts gab, zeigt ein Beispiel aus dem Bereich der Grundschule, die zwar indirekt auch von der Fetischisierung des Notendurchschnitts berührt wurde, aber insgesamt doch freier in den Gestaltungsmöglichkeiten blieb. Das Beispiel, das ich hier anführen möchte, ist die auf den ersten Blick erstaunliche Behebung der Mängel, die ab Mitte der 70er Jahre im Schulunterricht ausländischer Kinder eingetreten waren.

6 Auch ein Ergebnis der Bildungsreform: Ausländische Kinder lernen erfolgreich in deutschen Schulen

Bis Mitte der 70er Jahre war die schulische Betreuung der Kinder von Gastarbeitern kein ernsthaftes Problem gewesen, d. h. ihnen wurde in den Schulen keine besondere Aufmerksamkeit zuteil. Schulbesuch und Schulerfolg der ausländischen Kinder waren im allgemeinen kein Fall von Bedeutung. Dies änderte sich seit Mitte der 70er Jahre, als sich zwar vorhersehbare, aber nicht vorgesehene Folgen des Anwerbestopps des Jahres 1973 in immer stärkerer Weise zeigten.

Mit dem Anwerbestopp hatte die Bundesregierung den ausländischen Arbeitnehmern signalisieren wollen, daß es Zeit sei, die Reise in das Heimatland anzutreten. Etwa 25% der ausländischen Arbeitnehmer verließen auch in den darauffolgenden Jahren die Bundesrepublik, ohne daß sie wie früher durch neue ersetzt wurden. Die Rotation war unterbrochen, was für die in der Bundesrepublik gebliebenen Gastarbeiter aber auch bedeutete, daß eine nochmalige Einreise nicht mehr möglich sein würde. Deshalb richteten sich diese Menschen auf einen längeren Aufenthalt in der Bundesrepublik ein und begannen, ihre Familienangehörigen in die Bundesrepublik zu holen. Dieser Vorgang einer Familienzusammenführung wurde seit 1976 durch die immer schlechter werdenden ökonomischen und politischen Verhältnisse in der Türkei noch verstärkt.

Nun stiegen die Zahlen der ausländischen Kinder in den Grund- und Hauptschulen rapide an und führten zu ungünstigen Unterrichtssituationen und z. T. heftigen Protesten der deutschen Eltern, die den Schulerfolg ihrer Kinder durch z. T. hohe Ausländerzahlen gefährdet sahen. 10 Jahre später kann man feststellen, daß die ausländischen Kinder regulären Schulunterricht erhalten, in den meisten Fällen in deutsche Normalklassen gehen und die Quote des Schulbesuchs sich kaum von der deutscher Kinder unterscheidet und daß eine ansteigende Zahl die Hauptschule mit Erfolg abschließt und auch immer mehr ausländische Schüler auf die Gymnasien überwechseln.

Es gibt eine ganze Reihe von Gründen, die diese Ende der 70er Jahre kaum vorstellbare Normalisierung möglich gemacht haben. Sie können hier nicht alle dargestellt werden, aber ein ganz wichtiger Aspekt ist, daß es vor allem die jüngeren Grundschullehrer gewesen sind, die sich an ihren Schulen dem Schicksal der ausländischen Schüler und Schülerinnen angenommen hatten. Es handelt sich um Lehrer, die etwa seit Mitte der 70er Jahre in den Schulen unterrichteten und deren Ausbildung in der zweiten Hälfte der 60er Jahre begann und die gewissermaßen zur ersten Lehrergeneration gehörten, deren Studium sie stärker als zuvor auf soziale Fragen und politische Implikationen aufmerksam gemacht hatte. Sie profitierten als erste von grundlegenden Veränderungen im Curriculum der Lehrerausbildung und waren, auch wenn sie politisch nicht aktiv waren, doch zumindest entsprechend sensibilisiert und für soziale Probleme aufgeschlossener. Es waren in der Mehrzahl solche jüngeren Mitglieder der Lehrerkollegien an den Grundschulen, die sich der ausländischen Kinder annahmen, zunächst ohne Hilfe von außen und ohne klare Orientierung, was sich aber bald änderte. Offizielle Lehrerfortbildung und selbstorganisierte Weiterbildung etwa im Rahmen von Aktivitäten der Gewerkschaft Erziehung und Wissenschaft gaben dem Engagement auch die notwendige sachliche Basis.

Es gibt wie gesagt eine Reihe weiterer Punkte, die man in diesem Zusammenhang erörtern müßte (z. B. die stärkere sozialwissenschaftliche Orientierung in den Erziehungswissenschaften und auch den Rückgang der Zahlen deutscher Schüler in den Grundschulen). Aber hier kommt es mir nur darauf an, den langfristigen Effekt der Veränderung der Bildungsreformen und Bildungsinhalte in den 60er Jahren an einem Beispiel zu beschreiben. Ein Beispiel, dessen verhältnismäßig reibungsloser Verlauf sicher auch damit zu tun hat, daß es an einem Ort, nämlich der Grundschule, stattfand, der noch nicht so stark durch schichtspezifische Konfliktlagen mitbestimmt ist, wie es sich aus dem Numerus clausus-Beispiel ablesen läßt. Ein wenig allerdings hat die erfolgreiche Bearbeitung des Problems des Unterrichts für ausländische Kinder in der Grundschule auch damit zu tun, denn auf diese Art und Weise wurden die Ängste aufstiegsorientierter deutscher Eltern abgebaut, ihre Kinder könnten schlecht vorbereitet im Gymnasium den Kampf um die Durchschnittsnote beginnen müssen.

Insgesamt kann man wohl sagen, daß die Formen der Weitergabe des Wissens von einer Generation an die andere und die Kontrolle dieser Vermittlung sich in den 6oer Jahren auf allen Gebieten und Ebenen nachhaltig verändert haben. Es wird oft von der Bildungslandschaft gesprochen. Bleibt man bei dieser Metapher, so hat sich für die einen seit Mitte der 6oer Jahre ein karges Land mit einer üppigen Vegetation überzogen, für andere, die heute lieber die Wende in die 50er Jahre vollziehen möchten, ist dagegen aus einer blühenden Wiese ein stacheliger Acker geworden.

Teil III
Lust statt Frust – oder: Die Befreiung der Sexualität von gesellschaftlichen Zwängen

1 Die Zahl der Geburten steigt und fällt

Im Jahre 1949 lebten in der Bundesrepublik Deutschland etwas mehr als 49 Millionen Menschen. Bis 1974 war die Zahl der Einwohner auf 62 Millionen angestiegen und nahm dann in den darauffolgenden Jahren nur noch minimal zu. Die Zu- oder Abnahme der Bevölkerung in einem bestimmten Gebiet hängt immer davon ab, ob die Zahl der Geburten höher oder niedriger als die der Todesfälle ist und ob mehr oder weniger Menschen in das Gebiet zuwandern. Die Zunahme der Bevölkerung der Bundesrepublik Deutschland zwischen 1949 und 1981 ist sowohl durch Geburtenüberschüsse als auch durch Zuwanderungsgewinne zustande gekommen.

Die Bedeutung der beiden Salden war im jeweiligen Ablauf allerdings unterschiedlich. Während bis 1961 die stetige Zunahme der Bevölkerung um 7 Millionen je zur Hälfte auf Geburtenüberschuß und Wanderungsgewinn beruhte, waren für die Steigerungen der Jahre 1961–1968 um weitere 4 Millionen jetzt zu zwei Drittel die Geburtenüberschüsse und nur noch einem Drittel ein positiver Wanderungssaldo verantwortlich. Aus dieser, wie es scheint, politikfernen Entwicklung ergaben sich für die Sozialpolitik der späten 70er und der 80er Jahre ganz erhebliche Konsequenzen. Nach 1968 stieg die Bewohnerzahl nur noch langsam. Das hing damit zusammen, daß die Zahl der jährlichen Geburten stark sank. Da mehr Menschen starben als geboren wurden, wirkten sich die erheblichen Wanderungsgewinne der Jahre nicht mehr so stark aus.

Das war in den Jahren vor 1960 umgekehrt gewesen, nachdem, durch Kriegsfolgen bedingt, die Geburtenziffern relativ niedrig waren, deutlich unter den vorherigen Werten blieben und auch unter den Werten der ersten Nachkriegsjahre. Eine Folge des Krieges war dies deshalb, weil ein Teil der heiratsfähigen Männer und Frauen in jungen Jahren gestorben waren, was zu einem Rückgang der Zahl der Eheschließungen führte. Daß es trotzdem zu einem Geburtenüberschuß kam, hängt damit zusammen, daß auch die Sterbeziffer relativ niedrig war, da ein Teil der Menschen, die bei normaler Lebenserwartung in diesen Jahren gestorben wären, bereits vorher im Krieg umgekommen waren.

Wenn wir uns jetzt dem Zeitraum zwischen 1962 und 1968 zuwenden, so mag auf den ersten Blick verwundern, daß dieser relativ kurze Zeitraum herausgegriffen wird. Aber diese Jahre sind für die Bevölkerungsentwicklung der Bundesrepublik eben besonders interessant und wichtig, und es lohnt sich daher, diese kurze Zeitspanne genauer zu betrachten, da man in ihr nicht nur einiges über die Gründe zeitweiliger Schwankungen von Geburten- und Sterbeziffern lernen kann, sondern auch sehen kann, daß im individuellen Verhalten vieler Menschen Änderungen eingetreten waren.

Einige Bevölkerungsstatistiker glaubten zunächst fälschlicherweise, der seit dem Beginn der Industrialisierung beobachtete stetige Rückgang der Geburtenziffer habe nun sein Ende gefunden. Es ist daher nicht verwunderlich, daß 1966 in Interpretation des Anstiegs zwischen 1955 und 1964 eine Bevölkerungszunahme um 14 Millionen bis zum Jahre 2000 errechnet wurde. Sechs Jahre später prophezeite eine neue Prognose dann schon, wiederum in recht linearer Interpretation des Rückgangs zwischen 1969 und 1971, einen Rückgang um 5 Millionen Menschen bis zur Jahrhundertwende.

Man hatte nämlich nicht rechtzeitig erkannt, daß die Zunahme der Geburten Gründe hatte, die vorübergehender Natur waren. Ein Grund war z. B., daß viele Eheschließungen, die in der Nachkriegszeit verschoben worden waren, jetzt nachgeholt wurden. Gleichzeitig sank das durchschnittliche Heiratsalter, wodurch viele Kinder eher geboren wurden, die bei unverändertem Heiratsalter später geboren worden wären. Da nun die geburtenstarken Jahrgänge der Jahre 1934-1942 ins heiratsfähige Alter kamen, nahm die Zahl der Heiraten zusätzlich zu und damit insgesamt ein bis drei Jahre später die Zahl der Geburten. Schließlich muß noch bedacht werden, daß unter den Flüchtlingen aus der DDR die jüngeren Jahrgänge überwogen, wodurch die Zahl der Heiratsfähigen ebenfalls zeitweise zunahm.

So ist es nur verständlich, daß nach 1969 rückläufige oder gegensätzliche Entwicklungen einsetzten. Die Zahl der Eheschließungen nahm stark ab, denn es folgten die geburtenschwächeren Jahrgänge der Kriegs- und Nachkriegszeit, der Zustrom aus der DDR war unterbrochen und das durchschnittliche Heiratsalter veränderte sich jetzt kaum noch. Die Entwicklungen nach 1969 betrafen insbesondere den dann beginnenden Rückgang der Geburten. Trotz eines hohen Anteils an Ausländern sank seit 1969 die Zahl der Lebendgeborenen bis Ende der 70er Jahre ständig.

Betrachtet man die langfristige Entwicklung der Geburtenziffern seit dem 18. Jahrhundert, dann kann man sehen, daß seitdem die Zahl der Kinder pro Ehe geringer geworden ist. Wurden Mitte des 19. Jahrhunderts pro Ehe sechs Kinder geboren, von denen im Durchschnitt nur vier wegen der hohen Kindersterblichkeit das Erwachsenenalter erreichten, so hatten die um die Jahrhundertwende geschlossenen Ehen bereits nur noch vier Kinder, und im Jahre 1925 lag der Durchschnitt bei 2,2. Zu Beginn der 60er Jahre lag der Durchschnitt bei zwei Kindern, um dann in wenigen Jahren auf durchschnittlich 1,5 Kinder abzusinken. Derartig rapide Abnahmen hatte es zuletzt im 19. Jahrhundert gegeben.

2 Veränderungen hinter den Kulissen

Ich habe diese wenigen Angaben zur Bevölkerungsentwicklung an den Anfang dieses Kapitels gestellt, weil sie die wenigen unbestrittenen Daten im Hinblick auf individuelles sexuelles Verhalten darstellen, denn wie immer man auch die Zahlen bewertet, der Entschluß, Kinder zu bekommen, ist eine individuelle Entscheidung in einer Sphäre der Intimität. Eine Entscheidung, die deshalb interessant wird, weil offensichtlich Menschen verschiedener Schichten zu bestimmten Zeiten ähnliche individuelle Entscheidungen treffen, ohne daß sie das miteinander abgestimmt haben. Es muß sich also auch im Verhältnis zur Sexualität und in der Praxis der Sexualität etwas Grundlegendes verändert haben.

Die Bevölkerungswissenschaftler, die vor allem in den 60er und 70er Jahren dem Phänomen des Geburtenrückgangs relativ hilflos gegenüberstanden, haben dann zunächst auch von einem sogenannten „Pillenknick" gesprochen. Mit diesem Begriff verbindet sich die Vorstellung, daß das Erscheinen von hormonalen Kontrazeptiven auf dem deutschen Pharmamarkt die Ursache für den Geburtenrückgang sei. Dieser Zusammenhang ist allerdings nicht nachweisbar. Als der Geburtenrückgang bereits voll eingesetzt hatte (1975), nahmen erst ein Drittel der gebärfähigen Frauen die „Pille". 1970 waren es nur 20% gewesen. Richtiger ist wohl, daß die seit langem bekannten Verfahrensweisen der Geburtenplanung (z. B. Verlängerung der Stillzeit nach einer Geburt, Rhythmuskontrolle nach Knaus-Ogino, mechanische Vorkehrungen wie Präservative, Pessare, Diaphragma) von mehr Menschen aus fast allen Schichten der Bevölkerung angewendet wurden.

Die Zeit nach 1960 ist eine Transformationsphase, in der in allen gesellschaftlichen Bereichen Veränderungen festzustellen sind und in deren Verlauf sich auch das generative Verhalten großer Teile der Bevölkerung verändert. Breite Gruppen beginnen mit Geburtenkontrolle und Familienplanung und nähern sich damit an das bereits praktizierte Verhalten kleiner Gruppen in der oberen Mittelschicht und der Oberschicht an. Die kleiner werdende Unterschicht, die nur wenig an der allgemeinen Wohlstandsentwicklung teilnimmt, behält dagegen ihr traditionelles Verhalten bei, aber nicht deshalb, weil Kenntnisse und Zugang zu Verhütungsformen und -mitteln fehlen, sondern weil es für Menschen in Armut keine Motivation gibt, Kinderzahlen zu begrenzen.

3 Unbekanntes wird entdeckt: Die Freuden der Sexualität

Dies alles ist nicht zufällig zustande gekommen. Geburtenkontrolle und Familienplanung wurden für breite Schichten der Bevölkerung auch deshalb praktikabel, weil sich die allgemeine Einstellung zur Sexualität veränderte. In der Literatur findet man immer wieder den Begriff der „Sex-Welle", von der die Republik Mitte der 60er Jahre als einer besonderen Ausprägung anderer Konsumwellen „überschwemmt" wurde. Richtig ist, daß sich in den Jahren im Hinblick auf den Umgang mit Sexualität vieles änderte. Wenn man sich die Illustrierten etwa der Jahre 1963-1965 ansieht und z. B. die Titelblätter mit denen der 50er Jahre vergleicht, dann sieht man schon auf den ersten Blick, daß man mehr sah. Mehr oder (meist) weniger bekleidete Frauen zierten die Titelblätter. Die Sex-Welle war zunächst eine Welle der Nacktheit, die unter den gesellschaftlichen Bedingungen der 50er Jahre gänzlich undenkbar gewesen wäre. Aber es war nicht nur die Nacktheit, die scheinbar normal wurde, sondern auch die ausführliche Diskussion über das sexuelle Verhalten von Männern und Frauen. Hier ist besonders die Illustrierten-Kampagne zu nennen, die mit dem Namen Oswald Kolle verbunden ist, der in den Serien „Der Mann/ Die Frau, das unbekannte Wesen" in einer bis dahin ungewohnten Detailgenauigkeit junge und erwachsene Menschen über alle Bereiche der Sexualität, von biologischen Voraussetzungen bis sexuellen Praktiken aufklärte. Den Erfolg seiner Illustriertenserie setzte Kolle dann noch mit Kinofilmen fort, die ausgesprochene Kassenschlager wurden.

Kolle verkündete ja nichts Neues; all das war bekannt, wenn auch den meisten nur bruchstückhaft. Aber es war gleichzeitig in zweierlei Hinsicht ganz neu. Daß z. B. bestimmte Vor- und Nachteile verschiedener Positionen des Geschlechtsverkehrs im Hinblick auf die Befriedigung der Partner öffentlich diskutiert werden konnten, war absolut neu. So etwas hatte es bis dahin nicht gegeben. Und zweitens wurde einem Großteil der Bevölkerung erstmals die Möglichkeit einer relativ umfassenden Aufklärung geboten. Man muß dies vor dem Hintergrund sehen, daß zu der damaligen Zeit Aufklärungsunterricht in den Schulen, wie er heute zur Routine des 4. Grundschul-Jahres gehört, gänzlich unbekannt war.

Die Bewertung dieser Vorgänge, die man auch in Literatur und bei den Filmen zeigen könnte, hat sich mit den Jahren verändert. Waren es zunächst eher Überraschung und Freude über eine vermeintliche Befreiung, hat sich später dann auch die Meinung artikuliert, so richtig habe sich nichts verändert. Zwar sei seitdem mehr Nacktheit zu besichtigen, aber an der alten Doppelmoral des Mannes habe sich wenig geändert. Wahrscheinlich liegt hier die Wahrheit irgendwo in der Mitte, denn daß sich im individuellen Verhalten der Menschen zur Sexualität und in der Bewertung geschlechtlicher Beziehungen etwas geändert hat, steht ganz außer Zweifel.

4 Doppelmoral und eheliche Erotik

Welche Art der Änderungen dies sind, kann man besser ermessen, wenn man einen Blick auf die Vorgeschichte wirft und insbesondere berücksichtigt, wie erstarrt das moralische Empfinden gegenüber der Sexualität und allen damit zusammenhängenden Fragen bis in die 6oer Jahre war. Der 1986 verstorbene Fernsehshowmaster Lou van Burg wurde z. B. noch 1967 vom ZDF und seinem moralisierenden Intendanten Holzamer von einem Tag auf den anderen gefeuert, als sich herausstellte, daß der verheiratete van Burg eine Freundin hatte. Da half es ihm gar nichts, daß er damals eine der erfolgreichsten Fernsehshows hatte. Entlassen wurde er – und das kennzeichnet die Doppelmoral, die ein Ausdruck der moralischen Erstarrung war – nicht etwa deshalb, weil er eine Freundin hatte, das sah die Doppelmoral für verheiratete Männer durchaus vor, sondern daß dieser Tatbestand öffentlich wurde. Ein solcher Vorgang ist in den 80er Jahren bis jetzt jedenfalls nicht mehr denkbar. Es ließe sich noch eine ganze Reihe solcher Beispiele anführen, die zeigen, daß die für die Moral sich verantwortlich fühlenden Instanzen der Republik an Moralvorstellungen orientiert waren, die weit ins 19. Jahrhundert zurückreichten und die bis dahin allen Versuchen der Auflockerung oder Veränderung widerstanden hatten. Es ist nämlich durchaus so, daß es immer wieder Versuche oder auch gesellschaftliche Anlässe gegeben hat, die die Moralvorstellungen ins Wanken brachten.

So war es vor dem 1. Weltkrieg die von einem Zweig der Psychoanalyse ausgehende Erotikbewegung, die vor allem mit dem Namen des Psychoanalytikers Otto Groß und seines Schwabinger Kreises verbunden war. Eine Bewegung, die durchaus auch im Widerspruch zum liberalen Bürgertum stand. Der Soziologe Max Weber, einer der geistigen Leitbilder der Zeit vor dem 1. Weltkrieg und kurz danach, wandte sich entschieden gegen diese Bestrebungen einer selbstbestimmten Erotik, was ihn aber nicht daran hinderte, neben seiner Ehefrau zeitweise eine Geliebte zu haben. In der Weimarer Zeit war es dann vor allem der Psychoanalytiker Wilhelm Reich, der mit seiner Orgasmus-Theorie und Charakteranalyse für Aufsehen sorgte, aber er konnte weder in akademischen Bereichen noch sonst Fuß fassen. Seine Schriften tauchten erst, wenn auch nur als vorübergehende Episode, in der Studentenbewegung wieder auf. Die Zeit des Faschismus war dann wieder von der patriarchalischen Doppelmoral geprägt. Frauen waren in erster Linie Mütter. Männer durften sich einen Seitensprung erlauben. Der „Führer" hatte eine offizielle Geliebte, die er erst kurz vor Ende des Krieges heiratete.

Nach Ende des II. Weltkrieges traten ganz andere Probleme auf. Sie hatten damit zu tun, daß ein Teil der Ehemänner für lange Zeit von zu Hause abwesend gewesen war; erst im Krieg und dann in der Gefangenschaft. Viele Eheleute, die während des Krieges geheiratet hatten, waren nur wenige Tage zusammen gewesen und kannten sich kaum. Die Rückkehr dieser Männer in die Familien war mit großen Schwierigkeiten und Problemen verbunden.

Einerseits – hatten sich die Frauen in bestimmter Weise emanzipiert, denn sie hatten zur Mutterrolle auch noch die des pater familias übernehmen müssen, der für das materielle Wohl der Familie verantwortlich ist. Auch mußten sie bei den Aufräumarbeiten und im Wiederaufbau der Produktion einen Teil der Männer ersetzen. Die 1986 in der Bundesrepublik geführte Diskussion über die Rentenansprüche der „Trümmerfrauen" bezieht sich auf diese Jahre, in denen es die Frauen waren, die zu einem großen Teil nicht nur die Familien über Wasser hielten, sondern auch halfen, die Wirtschaft wieder anzukurbeln.

Andererseits hatten sich die Menschen auch in ihrem Äußeren, d. h. in ihrer physischen und psychischen Gesundheit geändert. Die Kriegs- und Nachkriegsjahre waren an den Frauen nicht spurlos vorübergegangen. Sie hatten wenig Zeit und Geld für Körperpflege, die Männer waren in der Kriegsgefangenschaft über lange Jahre durch Zwangsarbeit und schlechte Ernährung ausgemergelt. Wer sich z. B. die Bilder der Kriegsgefangenen ansieht, die 1955 nach dem Besuch Adenauers in Moskau als letzte aus Rußland zurückkamen, sieht dort ausgemergelte, scheinbar alte Männer, die doch alle noch keine 40 Jahre, viele noch keine 30 Jahre alt waren. Die aus dem Krieg bzw. aus der Kriegsgefangenschaft zurückgekehrten Männer konnten aus gesundheitlichen Gründen oft nicht arbeiten, viele fanden zunächst auch keinen Arbeitsplatz. Die Belastungen in den Ehen waren groß.

Erst gegen Mitte der 50er Jahre begannen sich die Verhältnisse zu normalisieren. Es gab wieder genügend Arbeitsplätze. Die Männer wurden wieder die Alleinverdiener, und nach und nach fanden die Familien zu den alten patriarchalischen Strukturen zurück: der Vater ist berufstätig und hat das Einkommen, die Ehefrau kümmert sich um Küche und Kinder. Je mehr diese Normalisierung voranschritt, um so stärker kamen auch die alten Moralvorstellungen wieder zu ihrem Recht. Allerdings so ganz unbeschadet dann doch nicht. Während nämlich die intellektuellen Versuche vor und nach dem II. Weltkrieg, Rollenverständnisse zwischen Männern und Frauen, das Verhalten von Patriarchat und Matriarchat näher zu bestimmen und übernommene Moralregeln abzubauen, den größeren Teil der Bevölkerung nicht erreichen, hatten die in der Mittel- und Unterschicht stattgefundenen Entwicklungen nach dem II. Weltkrieg doch eine Ahnung davon vermittelt, daß manches anders sein könnte.

5 Kinsey und die Folgen

Oswald Kolles Kampagne für eine bessere Aufklärung über Vorbedingungen, Formen und Folgen von Sexualität war, so bieder-deutsch die Präsentation gewesen sein mag, keine „neue" Erfindung eines deutschen Autors, sondern eingebunden in die vor allen Dingen in Amerika bereits in den 50er Jahren entwickelte Sexualforschung. Kinsey hatte bereits in der Zeit nach dem II. Weltkrieg die damals neu entwickelten Formen der empirischen Sozialforschung (sekundärstatistische Datenanalyse, Fragebogen und Interview) auf das Sexualverhalten der amerikanischen Männer und später dann der Frauen angewendet. Wichtigstes Ergebnis schien dabei zu sein, daß viel mehr Männer und Frauen von den als allgemeingültig angesehenen Regeln für sexuelles Verhalten abwichen. Die Ergebnisse wurden von Kinsey und anderen dahingehend interpretiert, daß die Vielfältigkeit und Plastizität des sexuellen Verhaltens in der biologischen Natur des Menschen liege, damit „natürlich" sei.

Helmut Schelsky, der 1955 seine „Soziologie der Sexualität" veröffentlichte, hat dann auch den Finger sofort auf den eigentlich interessanten Punkt gelegt, nämlich die mögliche Verlängerung der Argumentation, daß die „biologische natürliche Variabilität" des Sexualverhaltens moralisch auch erlaubt sein müßte. Schelsky hat nachhaltig bezweifelt, daß eine solche Schlußfolgerung richtig sein könne, das „Natürliche" sei nicht die biologische Natur, sondern die anerkannte Sitte. Diese Sitte sei auf Grundtatbestände der jeweiligen Kultur bezogen und ihre Nivellierung bedeute nichts anderes als die Veränderung der Grundlagen der tradierten Gesellschaftsformation. Die Kinsey-Reporte hatten für ihn eine erschütternde und verderbliche Wirkung.

Schelsky hat mit diesem Buch, wie mit vielen anderen auch, hohe Auflagen erzielt. Die „Soziologie der Sexualität" erschien als Band 2 von „Rowohlts Deutscher Enzyklopädie", der einzigen damals verfügbaren und auch noch sehr preiswerten Taschenbuchreihe. Das Buch gehörte zum Standardlesestoff von Oberschülern und Studenten. Wie in anderen Büchern auch hat Schelsky hier als Bewahrer des bildungsbürgerlichen Machtanspruchs gewirkt, wie kein anderer nahm er die Gefährdung der so gut funktionierenden Koalition zwischen Besitzbürgertum und Bildungsbürgertum wahr.

Um zu verstehen, wie sehr sich die Einstellungen zur Sexualität verändert haben, will ich noch zwei Stellen aus dem Buch ansprechen. Einmal werden an einer Stelle Homosexualität und Masturbation als die zahlenmäßig am häufigsten auftretenden sexuellen Anomalien bezeichnet. Eine solche Formulierung wäre heute vielleicht noch in religiösen Traktaten, aber nicht mehr in wissenschaftlichen Diskussionen oder Veröffentlichungen denkbar. Wie andere Formen von sexuellem Verhalten gelten auch die beiden genannten nicht mehr als anormal. Im Mai 1986 konnte die Hörfunkmoderatorin Carmen Thomas sogar eine ganze Vormittagssendung ihrer populären Hallo-Ü-Wagen-Sendung in WDR 2 der öffentlichen Diskussion des Themas Selbstbefriedigung widmen. Das ging zwar nicht ganz ohne Proteste ab. Die Proteste waren aber doch von der Art, daß man über intime Angelegenheiten nicht so öffentlich palavern solle. Daß Selbstbefriedigung etwas Unmoralisches und Kindern zu Verbietendes sei, dieses Argument kam kaum noch vor. Dies war in den frühen 60er Jahren noch ganz anders gewesen.

Der zweite Passus, auf den ich noch eingehen will, betrifft den angeblichen Zusammenhang, den Schelsky zwischen Konsumhaltung und sexuellem Verhalten sieht. Für ihn ist eine sexuelle Konsumhaltung erst mit der umfassenden Verbreitung empfängnisverhütender Mittel und Praktiken möglich geworden. (Bis in die 60er Jahre hinein galt noch eine Polizeiverordnung aus der Nazi-Zeit, die Werbung für Verhütungsmittel untersagte.) Diese habe im übrigen – und auch hier sieht man wieder die traditionelle Grundeinstellung bei Schelsky – nicht nur eine größere Liberalität geschaffen, sondern auch die Gleichberechtigungsforderungen der Frau durch die geschlechtliche Neutralisierung der industriell-bürokratischen Arbeitswelt ermöglicht, und damit überhaupt erst das Auftauchen der Frau als Konkurrentin des Mannes in der Arbeitswelt eingeleitet.

Schelsky hatte, wie gesagt, die Gefahr für die tradierten Werte der Gesellschaft und, man muß hinzufügen, für die herrschenden Machtstrukturen erkannt. Er war aber nicht in der Lage, die Bedeutung der Verhaltensänderungen zu erkennen.

6 Informalisierung

Es handelt sich eben nicht um den Vorgang einer zunehmenden Permissivität, wie sie von manchen als Befreiung und Fortschritt begrüßt, von anderen als Niedergang der Kultur beklagt wurde. Es ist richtiger und der Sache angemessener, solche Veränderungsprozesse, gegenwärtige wie historische Vorläufer, als „Informalisierung" zu bezeichnen. Es ist dies ein Prozeß, der alle Bereiche des täglichen Lebens der Individuen erfaßt und der, bei aller individuellen Ausprägung, in bestimmten Gruppen der Gesellschaft bei allen Individuen nahezu identisch abläuft. Man kann Informalisierungsprozesse in den 60er Jahren etwa im Verhältnis der Vorgesetzten im Betrieb zu ihren Mitarbeitern beobachten. Aus der hierarchischen Ordnung von Befehl und Gehorsam wurde nach und nach die funktionelle Zusammenarbeit, die auf Argument und Kooperation basiert. Aus dem hierarchischen Verhältnis von Eltern und Kindern in den Familien wurde eine viel offenere Art des Zusammenlebens.

Kinder sagen nicht mehr nur Vater und Mutter, sondern reden ihre Eltern oft auch mit dem Vornamen an, und ganz allgemein hat sich vor allem unter Jüngeren eine Veränderung in der Anrede ergeben. Aus dem mehr Distanz ausdrückenden „Sie" ist mit den Jahren ein vertraulicheres „Du" geworden. Dies sind alles Vorgänge, die einerseits einen Abbau starrer Verhaltensregeln im täglichen Zusammensein der Menschen andeuten. Dieser soziologisch als Informalisierung bezeichnete Prozeß umfaßt aber auch immer Veränderungen in den Machtunterschieden zwischen Menschen, und es erfordert die Herausbildung stärkerer Selbstzwänge. Der Abbau der von außen an die Menschen herangetragenen Verhaltensregeln führt nicht zum gänzlichen Verschwinden von Regeln, sondern zu einer teilweisen Umformung von Außen- zu Innenzwängen.

Dies kann man besonders deutlich an den Veränderungen der Regeln für das Sexualverhalten und damit zusammenhängender Bereiche sehen. Informalisierung in diesem Bereich bedeutet nicht nur, daß sich die Standards hinsichtlich erlaubter bzw. tolerierter sexueller Erfahrungen verändert bzw. erweitert haben, sondern es umfaßt auch Probleme der Körperlichkeit. Dabei reicht die Spannweite von einem anderen Verhältnis zur Nacktheit – und dies nicht nur in der Öffentlichkeit, sondern auch im Intimbereich der Familie – bis hin zu einem anderen, wir würden heute sagen „normaleren" Umgang mit Körperfunktionen, die unmittelbar oder mittelbar mit Sexualität verbunden sind. So können heutzutage Menstruation und andere Körperfunktionen, die früher hoch tabuisiert waren, im Gespräch erwähnt werden, ohne daß dies als schockierend empfunden wird.

Wenn es auf den ersten Blick so aussieht, als ob dies Vorgänge wären, die alle sozialen Gruppen der Gesellschaft in gleicher Weise erfaßten, so zeigt ein Blick in die Sozial- und Kulturgeschichte, daß manche dieser neuen Verhaltens-Standards in kleineren Gruppen der Oberschicht bereits in Ansätzen vorhanden waren. Der Vorgang, den wir in der 60er Jahren beobachten können, ist deshalb so bemerkenswert, weil er erstmals große Teile der Mittelschicht erfaßt, wobei diese sozialstrukturelle Kennzeichnung aufgrund der ökonomischen und auch politischen Entwicklung in den 60er Jahren eben nicht mehr nur die klassischen Besitz- und Bildungsbürger meint, sondern auch die zu kleinem Wohlstand gekommenen Angestellten- und Arbeiterfamilien, deren Kinder sich anschicken, eine bessere Ausbildung als ihre Eltern zu erlangen.

Die Veränderung der Machtstrukturen, die mit den Informalisierungsprozessen verbunden sind, hat Schelsky wahrscheinlich besonders beunruhigt. Er hat ja auch an anderer Stelle die Ausweitung der Mittelschicht auf Angestellte und Arbeiter als Nivellierung bezeichnet, wobei dies kein einen Fortschritt beschreibender Begriff sein sollte, sondern eher die Einebnung der ehemals herausgehobenen Position von Besitz- und Bildungsbürgertum beklagte. Sein Hinweis auf Sexualkonsum und Verhütungsmittel und die damit zusammenhängenden Möglichkeiten der Frauen, als Konkurrentinnen der Männer aufzutreten, ist ein Hinweis auf diese Machtkämpfe. Es ist gar keine Frage, daß der Rückgang der alten, z. T. doppelten Moral im Bereich des Sexualverhaltens die Machtverhältnisse zwischen Männern und Frauen zugunsten der Frauen etwas verändert hat. Ein Vorgang, den man wiederum auch in anderen Strängen der gesellschaftlichen Entwicklung findet.

Ich habe bereits erwähnt, daß Informalisierungsprozesse nicht nur bedeuten, daß Zwänge abgebaut werden, sondern daß es z. T. zu einer Verschiebung von Außen- zu Innenzwängen kommt. Man kann dies besonders gut an einem Beispiel sehen, das evident den Abbau früherer dominanter Regeln zum Sexualverhalten zeigt. Seit den Diskussionen zu Mitte der 60er Jahre wissen auch Mittelschichteltern, dass es aus psychologischen Gründen verkehrt ist, Formen des kindlichen Sexualtriebs, wie z. B. die frühkindliche Masturbation, mit strafenden Maßnahmen zu unterdrücken. Die hier inzwischen eingetretene größere Toleranz verlangt aber bei den Eltern auch eine Veränderung ihres Verhältnisses zur eigenen Sexualität. Die nun nicht mehr so autoritäre Eltern-Kind-Beziehung erfordert bei den Eltern größere Selbstzwänge und fördert auf die Dauer auch die Entstehung von Selbstzwängen bei den Kindern. Die Verringerung der Machtunterschiede im Informalisierungsprozeß ist verbunden mit einer kontrollierten Form, in der wir unsere Triebe und Gefühle zum Ausdruck bringen. Schelsky hat in seiner Studie geschrieben, es würde ihn nicht wundern, wenn die heranwachsende Generation einmal wieder prüde würde. Dies ist ein eklatantes Mißverständnis des von ihm beobachteten Informalisierungsprozesses, denn der Abbau tradierter Regeln zum Sexualverhalten bedeutet durchaus nicht, daß junge Leute oder auch Erwachsene etwa völlig ungehemmt ihre Sexualität ausleben können. Es gibt nach wie vor Regeln, wenn auch mildere und differenziertere, deren Einhaltung nicht mehr durch Außenzwänge, sondern weitgehend durch Selbstkontrolle garantiert wird. Verbunden damit ist aber, was Kritiker dieses Vorgangs leicht übersehen, daß die höhere Ebene der Selbstbeherrschung auch eine höhere Ebene des Bewußtseins, ein individuell selbstbewußteres Leben ermöglicht.

Die Veränderung von Machtunterschieden im täglichen Zusammenleben wurde dann etwa seit 1967 von der akademischen Linken aufgegriffen. Nicht nur Studentenführer, sondern auch Professoren erkannten die gesellschaftspolitische Bedeutung der sexuelles Verhalten regelnden Standards und begannen, die Befreiung von der Sexualität mittels des politischen Kampfes zu propagieren, bzw. sexuelles Verhalten in den Dienst des revolutionären Kampfes zu stellen.

7 Ein Dritter im Bett: die Gesellschaft

In relativ kurzer Zeit erschien eine Vielzahl von Büchern, Schriften und Flugblättern, die sich mit dem Zusammenhang von Sexualität und gesellschaftlichen Verhältnissen beschäftigten. Von diesen will ich hier zwei erwähnen, weil sie besondere Aufmerksamkeit fanden und auch relativ typisch für die damaligen Diskussionen sind. Da ist einmal die Schrift, die Reimut Reiche zu den Unterschieden zwischen Befreiung und Konsum im Bereich der Sexualität herausbrachte. Reiche, der von 1966 bis 1967 Vorsitzender des Sozialistischen Deutschen Studentenbundes (SDS) war, macht in der Veröffentlichung deutlich, daß die Menschen im Zusammenhang mit der Vermarktung des Sex auch erotische Bedürfnisse entdecken, die sie sich aber nicht erfüllen können, da die kapitalistischen Strukturen und die mit ihnen verbundenen Unterdrückungen des Individuums dieses verhindern. Reiche knüpft hier sowohl an den bereits erwähnten Wilhelm Reich an, der bereits in den 20er und 30er Jahren die Disziplinierung des Trieblebens als Voraussetzung von Autoritätsangst und Hörigkeit auf der einen und Gewaltausübung auf der anderen Seite als eine Voraussetzung für das Entstehen und die Weiterentwicklung kapitalistischer Produktionsstrukturen erkannt hatte. Er knüpft aber auch an Herbert Marcuses Buch „Triebstruktur und Gesellschaft" an, in dem die Reduzierung der Sexualität auf den Geschlechtsverkehr und die monogame Ehe als Motor und Produkt den kapitalistischen Produktionsweise beschrieben wurden. Die damals immer wieder beschworenen und beklagten Orgasmusschwierigkeiten wurden als Ausdruck der gesellschaftlichen Unterdrückung angesehen. Eine der Schlußfolgerungen, die wohl eher eine Hoffnung denn eine schlüssige Argumentation zur Basis hatte, war die Voraussage, mit einer freieren Sexualität könne man auch die gesellschaftliche Unterdrückung unterwandern, aushöhlen und zerstören.

Einer der Propagandisten einer befreiten Sexualität auf dem Wege zur Veränderung der Gesellschaft war Günther Amendt mit seinem Buch „Sexfront", wobei auf dem Titel das „T" in einer anderen Farbe gedruckt ist, so daß das Wortspiel „Sexfron – Sexfront" ins Auge springt. Dieses zweite Beispiel der damaligen Veröffentlichungsflut bemühte sich um gründliche Aufklärung vor allem für Schüler und junge Arbeiter. Es waren Texte, die sich durch ihre Detailgenauigkeit und ihre Toleranz gegenüber den verschiedenen Formen von Sexualität und herkömmlichen Aufklärungsschriften sehr unterschieden. Man macht sich heute über die Provinzialität damaliger Aufklärungs- und Beratungsschriften insbesondere der Kirchen, und sie waren auf diesem Gebiet Oligopolisten, kaum noch eine Vorstellung. So druckt Amendt aus einer katholischen Zeitung eine Bildergeschichte ab, die jungen Leuten deutlich machen soll, welche zwei „großen" Fragen vor jeder Bekanntschaft zu stellen sind. Da fragt ein junger Mann ein Mädchen am Ende einer gemeinsamen Eisenbahnfahrt, ob er dem Fräulein schreiben dürfte. Deren Gegenfrage lautet: „Sind Sie katholisch?" und als er dies positiv beantwortet, fragt das Mädchen noch: „Sind Sie ledig?" Als auch dieses positiv mit Ja beantwortet wird, sagt das verantwortungsbewußte Mädchen: „Gut, dann würde ich mich freuen."

Aber neben der Aufklärung enthält das in vielen Auflagen erschienene Buch von Amendt auch Hinweise auf den Zusammenhang von gesellschaftlicher Unterdrückung und sexueller Befreiung, Argumente für die Notwendigkeit der politischen Organisierung. Es ist die feste Überzeugung der meisten Autoren der damaligen Zeit, die Orgasmusschwierigkeiten ließen sich nur innerhalb einer politischen Bewegung, im Kampf um die Befreiung der Gesellschaft überwinden. Die Befreiung des Ichs mußte verbunden sein mit der Befreiung der Kultur und der politischen Reform des alltäglichen Lebens.

Im Mittelpunkt dieser Überzeugung stand längere Zeit die monogame-heterosexuelle Beziehung als besonders von den gesellschaftlichen Machtstrukturen geprägt. Die Gegenpropaganda verklärte den Geschlechtsverkehr mit jedem ohne Angst und voller Lust zum eigentlichen Instrument des politischen Kampfes. Geschlechtsverkehr, so hieß es, mit jedermann und jederfrau sei auch ein Kampf gegen die bürgerliche Gesellschaft, unterwandere den Kapitalismus und bereite die Befreiung der Menschheit von jeder Unterdrückung vor. Erst in diesem Zusammenhang wird verständlich, warum bei einem Schülerkongreß im Jahr 1967 nicht nur die Einführung eines Aufklärungsunterrichts vor allem über Verhütung, sondern auch die kostenlose Abgabe der Anti-Baby-Pille an Schülerinnen und die Einrichtung von Liebeslagern innerhalb der Schule zur Benutzung durch alle gefordert wurden.

Daraus wurde natürlich nichts. „Natürlich" deshalb, weil die kapitalistische Gesellschaft diesen subversiven Trick schnell durchschaute und auch mancher Neid aus der älteren Generation auf etwas, was ihr scheinbar entgangen war, dieser sexpolitischen Libertinage im Wege stand.

8 Die Frauen machen nicht mehr mit

Die Bewegung geriet aber nicht deshalb sehr bald in eine tiefe Krise, sondern bekam mit einem Widerspruch zu tun, der all den Überlegungen verdeckt zugrunde lag, nämlich der Vorstellung, daß Männer und Frauen gleich sind. Das Ideal des androgynen Menschen, der männliche und weibliche Eigenschaften in sich vereint und je nach Situation hetero- und homosexuelle Beziehungen unterhält, erwies sich als männliche Ideologie. Die Hippie-Kleidung der damaligen Zeit mit den weiten, wallenden Gewändern war aus diesem Grund geschlechtsunspezifisch. Die Frauen entdeckten bald, daß die sexuelle Befreiung, die freie Liebe doch nichts anderes hieß, als daß die Männer nun glaubten, Anrecht auf jede Frau zu haben, sie aber an den politischen Diskussionen nicht beteiligten. Der oft und gerne gehörte Spruch: „Wer zweimal mit derselben pennt, gehört schon zum Establishment" war eben auch nicht weniger männlich-chauvinistisch als die Doppelmoral rechter Burschenschaftler.

Es ist bezeichnend, daß dieser Konflikt in den Führungsgremien des SDS ausbrach, weil hier die Diskrepanz zwischen intellektuell-präziser Analyse des Gesamtzusammenhangs und dem Verhalten der im wesentlichen aus Männern bestehenden Führungskollektiven die Problematik besonders deutlich werden ließ. Hier hat die Frauenbewegung der 70er und 80er Jahre einen ihrer Anfänge. Zunächst bildete sich ein „Aktionsrat zur Befreiung der Frauen" innerhalb des SDS, der bei der Bundesdelegiertenkonferenz 1968 in Frankfurt/Main erstmals auftrat. Hier wurde an den Verhältnissen im SDS und am Verhalten der führenden Genossen gegenüber Frauen heftige Kritik geübt und vor allem auch darauf hingewiesen, daß die männlichen Führungsgremien überhaupt nicht erkannt hätten, trotz der von ihnen behaupteten Progressivität, daß die Organisation der Frauen bereits eine Quantität erreicht hätte, die sie zu Jubelschreien verleiten würde, wenn es sich um Arbeiter handeln würde.

Diesem ersten Auftritt des Aktionsrates folgte dann die Gründung des sogenannten „Weiberrates", der bereits einen Monat später, im November 1968, bei einer Bundesdelegiertenkonferenz in Hannover ein an aggressiver Kritik kaum noch zu überbietendes Flugblatt verteilte. Das Flugblatt bestand z. T. aus einer zeichnerischen Darstellung abgehackter Genitalien, die wie Rehgehörne als Trophäen an der Wand hingen, darunter eine Frau mit einem großen Beil als Scharfrichterin. Den einzelnen Genitalien waren die Namen der führenden SDS-Funktionäre zugeordnet. Der Text des Flugblattes, das unter dem Motto stand: „Befreit die sozialistischen Eminenzen von ihren bürgerlichen Schwänzen", bezeichnete die männlichen Diskussionsinhalte als Gelaber, beklagte die väterliche Betulichkeit und das sozialistische Schulterklopfen, wehrte sich vehement gegen die männliche Unterdrückung und stellt zum Schluß fest: Frauen sind anders.

9 Ein Ausbruchsversuch: Kinderläden

Dieses kleine Flugblatt, in das die Frauen ihre ganze Enttäuschung und Wut gelegt hatten, führte gleichzeitig zur endgültigen Trennung bzw. Selbstorganisation der Frauen, die sich dann in der ersten Zeit vor allem auf Probleme der Kindererziehung konzentrierten und relativ schnell die Kinderladen-Bewegung ankurbelten. Die Organisation der Kinderläden war die Konsequenz der Erweiterung des Emanzipationsbegriffs durch die Frauen. Denn das war allen Frauen sehr schnell klar: eine Beteiligung am politischen Kampf, den die Männer bisher allein geführt hatten, war ohne Lösung des Problems der Versorgung von Kindern und die Befreiung von Hausarbeit kaum möglich.

Die Kinderladen-Idee war auch nicht neu. Schon Wilhelm Reich hatte ähnliches gefordert, auch Walter Benjamins Kindertheater und Modelle sozialistischer Pädagogen hatten das Modell Kinderladen beeinflußt. Hauptüberlegung war, daß frau eine andere Organisation der Erziehungs- und Betreuungsarbeit suchte, die öffentlichen Kindergärten aber wegen ihrer Hörigkeit gegenüber den herrschenden gesellschaftlichen Strukturen und ihrer repressiven Pädagogik dafür nicht in Frage kamen.

Die Kinderladen-Pädagogik setzte demgegenüber auf Gruppentherapie und die Freiheit bei der Befriedigung libidinöser Bedürfnisse, die Ablehnung von Strafen, die Entwicklung von Lernprozessen, die an den Bedürfnissen der Kinder orientiert sind, vom Kind ausgehen sollen, vom Kinderkollektiv gesteuert werden.

Die Kinderladen-Bewegung kam bald in eine erste Krise. Die bürgerlichen Medien fielen mit Horror-Geschichten über Eltern und

Kinder her, einzelne Fälle verfehlter Pädagogik wurden breit ausgeschlachtet und brachten die Betreiber, d. h. die Eltern der Kinder, öffentlich in Verruf. Auch in der Wissenschaft entstand ein heftiger Streit über positive und negative Folgen dieser neuen Pädagogik, die vor allem damit zu tun hatten, daß die kleinen Kinder schneller groß wurden, als die Lernprozesse der Eltern voranschritten. Es entspann sich auch eine Diskussion darüber, ob die Mittelschichteltern der Kinderladen-Familien sich eine neue Privilegierung geschaffen hatten, eine pädagogische Insel, die den Arbeiterkindern gar nichts nütze. Schließlich wollten auch nicht alle Eltern in Wohngemeinschaften leben und Beziehungsexperimente als Teil der Politisierung ihres Alltags hinnehmen.

Der Schwung und die Intensität der ersten Phase dieser Aktivität der beginnenden Frauenbewegung und die offensichtlich nicht zu leugnenden positiven Bestandteile der Kinderladen-Pädagogik führten dazu, daß staatliche Stellen vor allem nach 1969 begannen, sich die Reformkraft dieses Versuchs im Vorschulbereich zunutze zu machen. Einerseits wurden Kinderläden gefördert, andererseits blieben sie nicht ohne Einfluß auf die Kindergarten-Pädagogik. Den Traum von der befreiten Kindheit konnten die Kinderläden sich nicht erfüllen, aber das antiautoritäre Gift, das sie versprüht hatten, tat seine Wirkung. Es hatte zwar einen viel kürzeren Halbzeitwert als ihre Protagonisten gedacht hatten, aber es war doch auch länger wirksam, als das Establishment gehofft hatte.

Teil IV
Eine neue Wirtschaftspolitik für das alte Wirtschaftssystem

1 Vom Boom in die Krise

Über die wirtschaftliche Entwicklung der 60er Jahre wird in der Regel wenig berichtet. Es gibt eigentlich nur drei Punkte, die immer wieder genannt werden: die Hochkonjunktur zu Beginn des Jahrzehnts, die Haushalts- und Wirtschaftskrise 1966/67 und die Entwicklung einer neuen Wirtschaftspolitik in der Großen Koalition. Tatsächlich hat der Fortgang der Wirtschaft die gesellschaftliche Entwicklung in den 60er Jahren relativ wenig beeinflußt. Selbst zu Zeiten der Studentenbewegung spielten polit-ökonomische Analysen des Kapitalismus, wie sie dann etwa seit 1969 mit dem Buch von Mandel „Die deutsche Wirtschaftskrise. Lehren der Rezession 1966/67" in zunehmender Anzahl veröffentlicht wurden, eine eher untergeordnete Rolle. Daß der Schwerpunkt der polit-ökonomischen Analysen in den 70er Jahren lag, hat, neben der relativ späten Wiederentdeckung der Arbeiten von Karl Marx an den deutschen Universitäten gegen Ende der 60er Jahre, vor allem auch damit zu tun, daß die Folgen der reformierten Wirtschaftspolitik erst etwa ab 1972/73 verstärkt auftraten. Da die neue Wirtschaftspolitik im wesentlichen eine Reaktion auf die Krise der Jahre 1966/67 war, ist es angezeigt, zunächst einmal den Gründen dieser Krise nachzugehen.

Im ersten Kapitel war bereits auf den beginnenden Wohlstand im Zusammenhang mit der positiven wirtschaftlichen Entwicklung der späten 50er und frühen 60er Jahre hingewiesen worden. Nicht nur die Bürger im Lande hatten Vertrauen in den Fortgang dieser positiven Entwicklung, sondern auch die Finanzpolitiker der Regierung. Sie begannen Anfang der 60er Jahre eine zunehmend expansiv gestaltete Ausgabenpolitik, und zwar in einer grenzenlosen Zuversicht auf weitere Steigerungen des Bruttosozialprodukts und einen damit verbundenen Anstieg der Steuereinnahmen. Diese Politik war nicht von großem Weitblick, nicht einmal von sorgfältiger Analyse der jährlichen Daten geprägt. In den Jahren 1962 bis 1964 lag die Steigerung der Ausgaben des Bundes deutlich über dem Wachstum des Bruttosozialprodukts, und als dann 1965/66 das Bruttosozialprodukt scheinbar unerwartet deutlich hinter den Vorausschätzungen zurückblieb, klaffte eine große Lücke. Im ersten Kapitel ist berichtet worden, wie die Versuche, diese Lücke mit höheren Steuern und geringeren Ausgaben zu schließen, schließlich zum Rücktritt von Ludwig Erhard führten.

Selbst wenn man unterstellt, daß die Wirtschaftsstatistik in den damaligen Jahren vielleicht noch nicht so gründlich erarbeitet wurde und bei mangelnden Möglichkeiten maschineller Datenverarbeitung auch etwas später zur Verfügung stand, so ist es doch erstaunlich und wahrscheinlich nur mit einem blinden Vertrauen in die Selbstregulierung der Wirtschaft über den Markt, gelegentlich auch als Selbstheilungskraft bezeichnet, zu erklären, daß der Rückgang des Bruttosozialprodukts so überraschend kam.

Der „Sachverständigenrat zur Begutachtung der gesamtwirtschaftlichen Entwicklung" hat im nachhinein vor allem in seinem Jahresgutachten 1967 die Gründe analysiert. Gründe, die man auch früher hätte erkennen können. Seit Beginn der 60er Jahre konnte man einen langsamen, aber stetigen Rückgang der privaten und öffentlichen Nachfrage nach Investitionsgütern beobachten. Die Gründe dafür sind leicht erklärlich. In den ersten Jahren des Booms waren im Hinblick auf die kommende Entwicklung von vielen Betrieben Zukunftsinvestitionen getätigt worden, die nun zunächst einmal, wie es so schön heißt, ihr Geld verdienen mußten.

Ähnliches galt für die private Nachfrage nach Konsumgütern. Auch hier trat eine gewisse Stagnation ein. Nach dem Wiederaufbau und der Wiedereinrichtung der Wohnungen, den verschiedenen Ersatzbeschaffungen für Kleidung und Hausrat gaben die Bundesbürger in den ersten Jahren des Jahrzehnts immer mehr Geld für Reisen aus. Lediglich die Automobilindustrie machte da eine gewisse Ausnahme. Die damit verbundene sinkende Nachfrage führte zu einem zunächst kleinen, dann größeren Prozentsatz bei der Nichtauslastung im produzierenden Gewerbe. Die Folgen waren ohne genaue Prüfung der Zahlen nicht erkennbar, denn es wurde ja weiterproduziert, und es wurden weiter Löhne gezahlt, aber – und das war der entscheidende Unterschied – es fehlte immer mehr an Geld für weitere Investitionen. Eine Unterauslastung der Produktionskapazitäten bremste nicht nur die Investitionsbereitschaft, sondern führte auch dazu, daß die Unternehmensgewinne, aus denen die Investitionen gezahlt werden müssen, kleiner wurden. In den meisten Fällen kam es dann zu einer Verringerung der Investitionssumme, ohne daß die Privatentnahme der Unternehmer geschmälert wurde.

Diese zunächst langsame, ab 1966 dann schnellere Entwicklung wurde noch durch eine restriktive Geldpolitik beschleunigt. Als bereits die Zahl der Arbeitslosen infolge der geringer werdenden Kapazitätsauslastung anstieg, erhöhte die Bundesbank den Diskontsatz im Herbst 1966 um 1% und verteuerte damit die Kredite für öffentliche und private Investoren. So stand den Unternehmen weder aus der eigenen Tätigkeit noch aus dem Kapitalmarkt billiges Geld für Investitionen zur Verfügung.

Erst vor diesem Hintergrund ist verständlich, warum von Juli 1966, als 101.476 Arbeitslose gezählt wurden, diese Zahl bis Februar 1967 um mehr als eine halbe Million auf 673.572 anstieg. Mit heutigen Arbeitslosenzahlen verglichen waren das relativ niedrige Zahlen. Eine Arbeitslosigkeit von „nur" gut 600.000 würde heutzutage sicherlich flugs als Zeichen der Vollbeschäftigung interpretiert. Den Politikern in der Bundesrepublik machten in den Jahren 1966/67 diese Zahlen aber große Sorgen, denn man befürchtete, daß sich hier, ähnlich wie in den 20er Jahren, eine große Wirtschaftskrise ankündigte, wie sie ab 1929 mit großem Leid für die Menschen auftrat und den Niedergang der Weimarer Republik mitverursachte. Marxistische Analysen, wie die von Mandel, glaubten dann auch, daß nicht nur die Legende der

Sozialen Marktwirtschaft von einem krisenfesten und stetigen Fortschritt des Lebensstandards zusammengebrochen sei, sondern daß damit auch langfristig die politische Stabilität der Bundesrepublik zerstört würde. Es gab auch Anzeichen für die Richtigkeit dieser Analyse, denn zunächst machte sich eine Radikalisierung vor allem im rechten Lager mit neofaschistischen Tendenzen bemerkbar. Demoskopische Umfragen hielten einen Anstieg der Wähler der NPD bis zu 10% für wahrscheinlich.

2   Die alten Instrumente sind stumpf

Daß es zu dieser großen Krise und zum Niedergang der politischen Stabilität der Bundesrepublik aus diesen Gründen schließlich nicht kam, liegt einmal daran, daß das kapitalistische Wirtschaftssystem der Bundesrepublik mittlerweile gefestigt und wirtschaftlich kräftiger war als das in den 20er Jahren. Im Gegenteil, die Wirtschaft nutzte die Rezession, um vor allem im Personalbereich die Kosten zu drücken, was ein Kommentar in der FAZ am 7.5.1968 auch ganz unverhohlen unter dem Titel: „Das Jahr des Aufräumens" bejubelte. Dieser Kommentar ist so eindrucksvoll und mit so viel Parallelen zu den Wünschen der Wirtschaft der 80er Jahre verbunden, daß ich ihn auszugsweise wiedergeben möchte:

> „Die vielbeklagten Mißstände im Personalwesen, die stete Fluktuation, die übermäßigen Krankmeldungen, die Bummelei, der Schlendrian am Arbeitsplatz, das Bemühen der Fabrikenleiter, nur jeden Mann zu halten, auch wenn er im Moment vielleicht gar nicht gebraucht wurde, all das hört schlagartig auf, wenn Kurzarbeit oder Arbeitslosigkeit plötzlich zur drohenden Realität wird. Kein Zweifel, das Jahr der Rezession war ein Jahr des großen Aufräumens in den Betrieben, und kein verantwortlicher Unternehmensführer ist betrübt darüber, daß die Atempause eine solche Reinigungskur möglich gemacht hat."

Aber dies allein hätte sicherlich nicht zu der schnellen Belebung und zur Erzeugung einer optimistischen Aufbruchstimmung nach 1967 geführt. Wichtigster Grund war, daß mit der Großen Koalition die hausväterliche Politik Erhardscher Prägung durch eine moderne Wirtschaftspolitik abgelöst wurde. Dieser Aufbruch zu einer neuen Qualität, der vor allem mit dem Namen des SPD-Ministers Karl Schiller verbunden war, führte zu einer Reform der Wirtschaftspolitik. Dies ist ganz unzweifelhaft. Anders ist dies bei der Frage, ob auch die Wirtschaft reformiert wurde. Aus diesem Widerspruch ergeben sich die Folgen der ab 1967 praktizierten Wirtschaftspolitik für die Wirtschaftsentwicklung der 70er und 80er Jahre.

Karl Schiller, zeitweise in Zusammenarbeit mit dem Finanzminister Franz-Josef Strauß – dieses mächtige Paar wurde in den Medien mit dem verharmlosenden Namen „Plisch und Plum" belegt–, gestaltete die Wirtschaftspolitik in den Grundzügen um. Fraglich ist schon, ob dies im Detail geschah, denn die Instrumente der Steuerung waren recht allgemeiner Art, aber die Modernität der Methoden verdeckte zunächst diese Defizite und die damit verbundenen Risiken. Ich will dies an zwei Beispielen belegen, nämlich an den Zielsetzungen und Steuerungsinstrumenten der Gastarbeiterpolitik und an dem Schicksal der sogenannten Globalsteuerung der Wirtschaft. In beiden Fällen waren die Maßnahmen und Instrumente nicht wirkungsvoll genug, z. T. ohne Wirkung und in einigen Fällen bewirkten sie sogar das Gegenteil. Die Gründe hierfür liegen in der falschen Einschätzung der jeweiligen Rahmenbedingungen.

3 Gastarbeiter als Instrument der Beschäftigungspolitik

Der Tatsache der Einwanderung von Gastarbeitern als einer Politik zum Ausgleich von Lücken im Beschäftigungssystem der Bundesrepublik ist schon nachgegangen worden. Im Oktober 1961 wurde die Anwerbevereinbarung mit der Türkei getroffen und im Frühjahr 1962 eine erste Vereinbarung mit Griechenland aus dem Jahre 1960 überarbeitet. Zwischen 1961 und 1966 stieg die Gesamtzahl der ausländischen Arbeiter kontinuierlich auf 1,31 Millionen. Von den fünf wichtigsten Entsendeländern stellten damals Italien und Jugoslawien und nach ihnen Griechenland und Spanien die größten Kontingente. Die Türkei lag 1966 noch auf dem vorletzten Platz. Diese ersten Gastarbeiter waren eine Arbeitskraftreserve, schnell herbeizuholen, als Wirtschaft und Industrie bei Vollbeschäftigung und Wirtschaftswunderkonjunktur einerseits und bei noch stark lohnintensiven Produktionsmethoden (Fließband, Baugewerbe) andererseits nach weiteren Arbeitskräften riefen. Es ist für das Verhältnis der weiteren Entwicklung und der heutigen Lage sehr wichtig, daß – wie in Verkürzung eines Zitats von Max Frisch immer wieder formuliert wird – damals Arbeitskräfte gerufen wurden und Menschen kamen, aber diese Menschen auch in ihrem eigenen Verständnis nur als Arbeitskräfte kamen. Das war das Selbstverständnis der deutschen Anwerber ebenso wie das der Arbeitsmigranten und ihrer Heimatstaaten.

Diese erste Generation der Gastarbeiter war ein Konjunkturpuffer, auf den man schnell verzichtete, als 1966/67 sich erste wirtschaftliche Schwierigkeiten zeigten, die Hochkonjunktur von einer – im heutigen Maßstab geringfügigen – Rezession abgelöst wurde. Auch wenn Arbeitslosigkeit kein absoluter Indikator für wirtschaftliche Entwicklung sein kann, illustriert die Verdreifachung der Arbeitslosenzahlen von 1966 auf 1967 immerhin, daß nach Jahren der Hochkonjunktur auch im Beschäftigungssystem Schwierigkeiten eingetreten waren.

Die steigenden Arbeitslosenzahlen führten zu einem fast synchronen Rückgang der Zahl ausländischer Arbeitnehmer, der zum Teil von finanziellen Anreizen unterstützt wurde. Diese prompte Reaktion bestärkte insbesondere die deutsche Arbeitsverwaltung in der Meinung, mit den ausländischen Gastarbeitern eine handhabbare Arbeitskraftreserve zur Verfügung zu haben. Man hatte Arbeitskräfte als Gäste auf Zeit gerufen, die auch – relativ freiwillig – wieder nach Hause gingen, als nicht mehr genug Arbeit vorhanden war.

Für die politisch Verantwortlichen in Bonn und ihre führenden Beamten war dies ein deutlicher Beleg dafür, daß das von ihnen mit Zustimmung der Gewerkschaften gehandhabte Prinzip der Rotation funktionierte, daß es also möglich war, durch zentrale Steuerung ein so kompliziertes System wie das der Beschaffung zusätzlicher Arbeitskräfte durch relativ einfache Maßnahmen – im Sprachgebrauch der Ordnungspolitiker „Instrumente" genannt – zu regulieren.

So wurde es denn für unproblematisch, im Sinne dieser Art der Gastarbeiterpolitik auch für selbstverständlich gehalten, als nach 1968 die Zahl der ausländischen Beschäftigten wieder rapide zunahm, 1969 bereits die Größenordnung von 1966 erreichte und bis 1973 auf mehr als 2,5 Millionen anstieg. Es schien auch ganz selbstverständlich, 1973 mit dem Anwerbestopp erneut die Bremse zu ziehen, als sich nach ersten Vorboten in den Jahren 1971 und 1972 deutliche Probleme im Beschäftigungssystem ankündigten. Tatsächlich ging in den folgenden Jahren die Zahl der ausländischen Arbeitnehmer um knapp 25% zurück. Alles schien so zu sein wie 1967/68, und doch hatten sich die Rahmenbedingungen ebenso verändert wie die Migranten und ihre soziale Situation.

4 Die Gastarbeiterpolitik verfehlt ihre Ziele

Diese Differenz zwischen offiziell-administrativer Einschätzung einerseits und tatsächlicher Situation andererseits war für die weitere Entwicklung der Ausländerbeschäftigung in der Bundesrepublik folgenreich. Zunächst hatte sich allgemein die Größenordnung geändert. 1971 waren etwa doppelt so viel ausländische Arbeitnehmer beschäftigt als 1966. Da auch bei reiner Saisonbeschäftigung immer ein gewisser – zunächst geringer – Prozentsatz der Saisonarbeiter zum Verbleiben neigt, war auch deren Anzahl größer. Dieser allgemeine „Klebeeffekt" wurde durch verschiedene Umstände verstärkt.

Im Durchschnitt war die Aufenthaltsdauer wegen der längeren Zeitspanne angestiegen; 6- bis 8jährige Aufenthaltszeiten waren entgegen der damals noch als normal unterstellten Rotation keine Seltenheit. Dies wurde von einem weiteren wichtigen Merkmal dieser Jahre gefördert: Die Lohnquote stieg damals ganz erheblich an. Es waren Jahre des sogenannten Lohnnachschlags, und der Unterschied zwischen der Lohnsituation in den Heimatländern und in den sogenannten Gastländern wurde noch größer.

Dies galt für alle Nationalitätengruppen, ganz besonders aber für die Türken, die mittlerweile die stärkste Gruppe geworden waren. Für sie war der Unterschied der wirtschaftlichen und sozialen Verhältnisse am größten.

Längere Aufenthaltsdauer, bessere Lebensverhältnisse und beschränkte Möglichkeiten der Ein- und Ausreise und, das ist besonders wichtig, der Wiedereinreise führten dazu, daß die Gastarbeiter begannen, Familienangehörige nachzuholen. Dies schlug sich bei ihrer großen Zahl zwar statistisch noch nicht so stark nieder (die Ausländerstatistik wurde im übrigen auch noch nicht sehr aufmerksam analysiert), aber es leitete eine Entwicklung ein, in deren Verlauf aus Gastarbeitern ausländische Arbeitnehmer wurden.

Hier zeigt sich bereits, daß die globalen Steuerungsinstrumente dann versagen, wenn sie ahistorisch, d. h. ohne Rücksicht auf die bisherige Entwicklung eingesetzt werden, und wenn die unterstellten Rahmenbedingungen entweder von vornherein falsch definiert werden oder sich im zeitlichen Verlauf verschieben. Weil die Rahmenbedingungen falsch eingeschätzt wurden – etwa die Vorstellung, man könnte die importierten Arbeitnehmer ohne soziale Folgelasten beschäftigen und problemlos wieder exportieren –, erreichte der Anwerbestopp zwar eines seiner Ziele, die Zahl der ausländischen Arbeitskräfte zu senken. Dies vor allem deshalb, weil neue Arbeitskräfte nicht angeworben werden konnten und so diejenigen, die sowieso vorhatten in ihr Heimatland zurückzukehren, nicht ersetzt werden konnten. Das zweite Ziel erreichte der Anwerbestopp aber nicht: Die erwartete verstärkte Rückwanderung blieb aus.

So bewirkte im Endeffekt der Anwerbestopp eher das Gegenteil. Als die Ausländer begriffen hatten, daß von nun an eine Rückkehr definitiv nicht mehr wie in früheren Jahren durch eine erneute Anwerbung korrigierbar war, begann zumindest ein Teil damit, den Nachzug der Familien zu organisieren. Besonders stark war dies bei den Türken zu beobachten. Während in Griechenland, Spanien und Portugal Staat und Gesellschaft alte und junge faschistische Jochs abwarfen und sich mit der beginnenden Liberalisierung Hoffnungen auf sozio-ökonomische Verbesserungen verstärkten, wurde die wirtschaftliche und gesellschaftliche Lage in der Türkei von Jahr zu Jahr schlechter.

Die deutsche Arbeitsverwaltung und die zuständigen Politiker und Beamten wurden aus diesem Scheitern ihrer getroffenen Maßnahme nicht klug, sondern versuchten erneut durch eine administrative Maßnahme einen unerwünschten Effekt, nämlich den ansteigenden Familiennachzug mit seinen sozialen Folgekosten, abzublocken. Sie taten dies durch eine Änderung der Regelungen, nach denen Kindergeld für Kinder ausländischer Arbeitnehmer gezahlt wurde. Die Idee war, neben der Verhinderung eventueller Mißbräuche beim Empfang von Kindergeld im Ausland, die Zahl der Kinder in der Bundesrepublik möglichst klein zu halten, wenn nicht sogar zu verringern. Zu diesem Zweck wurde das sogenannte Territorialitätsprinzip für den Leistungsanspruch auf Kindergeld wieder eingeführt, d.h., ausländische Kinder konnten nur dann volles Kindergeld erhalten, wenn sie sich auf dem Gebiet der Bundesrepublik aufhielten; lebten sie im Ausland, gab es nur 10,00DM pro Kind.

Diese neue Regelung hatte eine boomartige Zuwanderung von ausländischen Kindern zur Folge mit den bekannten und auch schon erörterten Problemen im Schulbereich. Auch hier sieht man wieder, daß die Arbeitsmarktpolitik der Bundesrepublik sich eines bestimmten Instruments bediente, das den gegenteiligen Effekt produzierte, weil die Rahmenbedingungen nicht stimmten. Es war eben nicht so, wie unterstellt, daß die Ausländer ein Interesse daran haben, ihre Familien im Ausland zusammenzuhalten und lieber auf die vollen Zahlungen des Kindergeldes verzichten würden, wenn wenigstens ein kleiner Betrag zum Ausgleich gezahlt wurde. Wichtig dabei ist, festzuhalten, daß die Folgen dieser Versuche globaler Politiksteuerung erst gegen Ende der 70er Jahre eintraten. Sie sind gleichwohl ein Ergebnis der Aufbruchstimmung der 60er Jahre, als man glaubte, durch die Veränderung einzelner, zentraler Fakten eine gesamte Politik in eine bestimmte Richtung lenken zu können.

5 Stabilität und Wachstum – oder: Von der Quadratur des Kreises

Es kann durchaus sein, daß die Gastarbeiterpolitik und ihre Instrumente kein gutes Beispiel für den neuen Ansatz der Globalsteuerung sind. Von vielen Kennern der Szene wird nämlich bezweifelt, ob die zuständigen Politiker und Beamten wirklich wußten, was sie taten. Ganz anders war dies bei der Wirtschaftspolitik, die mit dem Namen von Karl Schiller verbunden ist. Dieser wußte ganz genau, was er wollte, und er wußte auch im großen und ganzen, was er tat. Daß seine klugen Reformschritte schließlich doch nicht den gewünschten Erfolg hatten, hängt mit den Rahmenbedingungen zusammen, die er und seine Mitstreiter zum Teil falsch einschätzten und die sie zum Teil auch nicht beeinflussen konnten.

Kernstück der neuen Wirtschaftspolitik war das am 8. Juni 1967 im Bundestag beschlossene „Gesetz zur Förderung der Stabilität und des Wachstums der Wirtschaft" (StWG). Ähnlich wie das bereits 1963 beschlossene „Gesetz über die Bildung eines Sachverständigenrates zur Begutachtung der gesamtwirtschaftlichen Entwicklung" nennt das StWG vier aufeinanderbezogene Ziele der Wirtschaftspolitik: Preisstabilität, Vollbeschäftigung, außenwirtschaftliches Gleichgewicht und stetiges und angemessenes Wirtschaftswachstum. Dies auch als „Magisches Viereck" bezeichnete Zielebündel soll so gesteuert werden, daß wirtschaftliche Stabilität herrscht. Paragraph 1 des Gesetzes definiert Stabilität als das gesamtwirtschaftliche Gleichgewicht, das gegeben ist bei Preisstabilität, angemessenem Wirtschaftswachstum und hohem Beschäftigungsstand. Anders als bei dem Sachverständigengesetz, mit dem lediglich die Beobachtung dieser Ziele zum Auftrag gemacht wurde, wurde nun mit dem StWG der Regierung ein wirtschaftspolitisches Instrumentarium zur Verfügung gestellt, das sie in die Lage versetzen sollte, bei einer Krise, aber auch bei Hochkonjunktur bzw. konjunktureller Überhitzung, regulierend eingreifen zu können. Die Globalsteuerung sollte sich auf drei verschiedene Bereiche beziehen: erstens auf die Steuerung der gesamtwirtschaftlichen Nachfrage, zweitens auf eine Verhaltensabstimmung zwischen dem Staat und den Tarifparteien, also den Gewerkschaften und den Unternehmerverbänden und schließlich drittens auf eine außenwirtschaftliche Absicherung.

Die Einnahmen- und Ausgabenpolitik des Bundes, der Länder und der Kommunen sollte gleichgerichtet auf die Steuerung der gesamtwirtschaftlichen Nachfrage ausgerichtet werden. Im Mittelpunkt stand dabei eine mehrjährige Finanzplanung, die auf fünf Jahre im voraus die öffentliche Finanzwirtschaft festlegte und damit, so der Grundgedanke, auch der privaten Wirtschaft eine Orientierung ihrer langfristigen Investitions- und Kapazitätsplanung ermöglichte. So bestimmt z. B. der Paragraph 16 des StWG, daß die Länder auf die Gemeinden und die Gemeindeverbände einwirken können, sich antizyklisch zur Konjunkturentwicklung zu verhalten. Bis zum Jahre 1969 standen den Gemeinden als wesentliche Einkommensquelle u. a. die Gewerbesteuern zu, die äußerst konjunkturreagibel sind, d. h., in guten Zeiten gibt es viel Steuern und in schlechten wenige. Entsprechend war das Ausgabeverhalten der Kommunen bis dahin eher prozyklisch ausgerichtet. Dies sollte nun anders werden. In Zeiten der Hochkonjunktur sollten die Gemeinden verpflichtet werden können, ihre Ausgaben zu drosseln und in Zeiten der Rezession mehr auszugeben, als sie durch Steuern einnahmen.

6 Eine wirtschaftspolitische Überraschung: Stagflation

Dieser relativ einfachen Steuerungsidee lag als Voraussetzung die Überlegung zugrunde, daß bisher die klassischen Konjunkturzyklen so beschaffen gewesen waren, daß entweder Wachstum und Vollbeschäftigung gemeinsam mit Inflation auftraten oder eine Abschwächung des Wachstums bei stabilen Preisen stattfand. Eine der großen Überraschungen für die neue Wirtschaftspolitik war, daß sich gleich zu Anfang der 70er Jahre eine sogenannte „Stagflation" ergab, nämlich eine Inflation, die nicht von Vollbeschäftigung, sondern von Arbeitslosigkeit begleitet wurde. Es zeigte sich dann schnell, daß die neue Wirtschaftspolitik in diesem Punkt überfordert war. Der auf Nachfragesteigerung und Nachfragedämpfung eingestellte Mechanismus der Finanzpolitik konnte die gewünschten Ergebnisse nicht produzieren. Im Gegenteil, was man auch tat, es war kontraproduktiv. Maßnahmen der Ankurbelung erhöhten die Inflation, und eine Drosselung der Geldmenge zur Steuerung der Inflation steigerte die Arbeitslosigkeit. Dieser Zielkonflikt lähmte bald die Konjunkturpolitik und brachte die sozialliberale Koalition in eine schwere Krise, denn einerseits wollte man die Arbeitslosigkeit bekämpfen, andererseits hätte eine Bekämpfung der Inflation durch Ausgabensenkungen in großem Umfang auch das Ende der sozialliberalen Reformpolitik bedeutet, und dieses glaubte man zunächst noch im Interesse der Menschen nicht vertreten zu können.

Es war vielleicht nicht ohne weiteres vorhersehbar, daß ausgerechnet bei der ersten Bewährungsprobe der neuen Wirtschaftspolitik nicht ein klassischer Konjunkturfall, sondern eine bisher nicht erlebte Stagflation auftrat. Anders war dies bei dem zweiten instrumenteilen Ziel, eine Verhaltensabstimmung zwischen dem Staat und den Tarifpartnern zu erreichen. Schiller gründete zu diesem Zweck die „Konzertierte Aktion", bei der alle Beteiligten zusammenkamen, um Verhaltensmaßnahmen abzustimmen.

7 Der Traum von einer neuen Harmonie

Das Konzept der Verhaltensabstimmung der „Konzertierten Aktion" beruhte unausgesprochen auf der Vorstellung eines sozialen Status quo, auf Kooperation, nicht auf Gegnerschaft der Sozialpartner. Kern dieser Partnerschaft mußte die Akzeptanz gegebener Verteilungsverhältnisse sein, d. h., weder durften die Unternehmer an der Preisschraube drehen oder an der Beschäftigungsquote etwas ändern, noch durften die Gewerkschaften eine bessere Umverteilung durch höhere Löhne erzwingen wollen. Genau das Gegenteil aber war der Fall. Die realen, sozialen Konflikte waren stärker als die guten Absichten der neuen Wirtschaftspolitik.

Zunächst waren die Versuche und Ansätze, die Karl Schiller unternahm, von großer öffentlicher Euphorie begleitet. Sie paßten gut in die allgemeine Aufbruchstimmung, entsprachen dem Vertrauen in eine rationale Planung des Zusammenlebens der Menschen. Karl Schillers Pläne und sein Vertrauen in die Erfolge einer schlüssigen Argumentation hatten manche Parallele zu den Überzeugungen Robert Owens, einem der utopischen Sozialisten aus der 1. Hälfte des 19. Jahrhunderts. Seine Gründung der neuen Lebensgemeinschaft „New Harmony" fußte auf der Überzeugung, es bedürfe nur des vernünftigen Arguments und des überzeugenden Beispiels, um eine bessere Gesellschaft zu gestalten. Er scheiterte bald, denn es zeigte sich, daß die so intelligent begründete gute Absicht nicht ausreiche.

Die Einrichtung der „Konzertierten Aktion" wurde zunächst als ein zukunftsweisender Schritt gefeiert, und das Vertrauen, das Karl Schiller entgegengebracht wurde, schien grenzenlos zu sein. Vor allem seine eigene Partei, die SPD, schaute fasziniert auf ihren Spitzenpolitiker, verhieß er doch wachsenden Wohlstand für alle, insbesondere für ihre Klientel, die Arbeiter und kleinen Angestellten. Es ist bekannt, daß die Enttäuschung auf dem Fuß folgte, und es ist nur symptomatisch, daß bereits wenige Jahre später, nämlich 1972, zur Zeit des Mißtrauensvotums gegen Willy Brandt, Karl Schiller die SPD verließ. Dieses unrühmliche Ende ändert aber nichts daran, daß Schiller mit der Neuorientierung der westdeutschen Wirtschaftspolitik an der Theorie von John Maynard Keynes einen wichtigen Beitrag zur Modernisierung der Bundesrepublik in den 60er Jahren geleistet hatte. Keynes hatte in den 30er Jahren die Kernthese formuliert, daß man mit Hilfe der Finanzpolitik über öffentliche Nachfrage die wirtschaftliche Entwicklung in Zeiten des konjunkturellen Abschwungs am besten beeinflussen könne, um Unterbeschäftigung zu vermeiden. Er entwickelte die Theorie, daß man über kreditfinanzierte Staatsausgabenerhöhung (deficit spending) Anstöße geben kann, damit Arbeitskraftreserven, nicht erschlossene Rohstoffe oder nicht ausgelastete Kapazitäten stärker genutzt werden, sich damit das Angebot an Arbeitsplätzen erhöht und so das Wachstum der Wirtschaft angekurbelt wird. Dieses Konzept – für manche eher ein Mythos – hatte in den 30er Jahren in Amerika funktioniert, aber die Voraussetzungen waren eben andere gewesen. Vor allem waren damals die Märkte unterentwickelt, und es gab auch kein System der sozialen Sicherung und des Schutzes der Arbeiter, so daß sich alle Beteiligten in einer Pioniersituation befanden und gemeinsam einen neuen Wirtschaftsaufschwung erarbeiteten.

Diese Voraussetzungen bestanden in der Bundesrepublik gegen Ende der 60er Jahre so nicht mehr. Jetzt war die Situation anders als z. B. zu Beginn der 50er Jahre, und der Versuch einer Ankurbelung durch die Ausweitung der Nachfrage im Rahmen einer antizyklischen Finanzpolitik erfüllte nicht die Erwartungen. Dem von Schiller gern gebrauchten Begriff des *deficit spending* lag die Idee zugrunde, daß eine vorübergehende Staatsverschuldung schließlich zu einer Steigerung des Sozialproduktes und einer Erhöhung der Steuerkraft führen würde und damit die aufgenommenen Kredite getilgt werden könnten. Wir wissen heute, daß dieses von Schiller so brillant beschworene System nicht funktionierte. Das Ergebnis war eine steigende Staatsverschuldung, die nur bedingt den Einfluß hatte, den sich die Konjunkturpolitiker von ihr im Hinblick auf eine Steigerung des wirtschaftlichen Wachstums versprachen.

Daß die guten Absichten des Karl Schiller schließlich in einer Stagflation endeten und langfristig eine nur schwer zu bewältigende Staatsverschuldung produzierten, geschah nicht zufällig, sondern hat damit zu tun, daß er und seine Mitstreiter aus der Nationalökonomie zwei wichtige Rahmenbedingungen falsch eingeschätzt hatten. Weder waren die Gewerkschaften bereit, Lohnverzicht zu üben, bzw. es bei der gegebenen Verteilungssituation zu belassen, noch dachten die Unternehmer daran, sich insoweit gemeinschaftsdienlich zu verhalten, daß sie auf die Freisetzung von Arbeitskraft im Zusammenhang mit Rationalisierung und Automatisierung verzichteten. So herrschte in der „Konzertierten Aktion" zunächst zwar ein relativ harmonisches Miteinander der Sozialpartner, aber außerhalb der gelegentlichen Sitzungen machten einerseits die Gewerkschaften deutlich, daß sie nicht bereit waren, auf Lohnerhöhungen zu verzichten. Sie forderten darüber hinaus sogar auch noch einen Nachschlag für den Lohnverzicht der 50er Jahre. In diesen Jahren war der Anstieg der Löhne immer unterhalb des Anstiegs der Produktivität geblieben. Dies war ein Beitrag der deutschen Arbeitnehmerschaft zur Wiedererstarkung der deutschen Wirtschaft gewesen. Nun, da es der Wirtschaft gut ging, bestanden die Gewerkschaften auf einem Nachschlag für den Verzicht in den vergangenen Zeiten. So kam es zu erheblichen Lohnsteigerungen. 1974, im Jahr des Rücktritts von Willy Brandt als Bundeskanzler, forderte und erhielt die ÖTV als die Gewerkschaft des öffentlichen Dienstes eine Lohnerhöhung von 10,4%, eine Steigerung, die deutlich über der Inflationsrate lag und eine reale Einkommensverbesserung bedeutete.

Andererseits war die Privatwirtschaft in der Bundesrepublik nicht bereit, ihre Gewinnerwartungen zu reduzieren bzw. ihr Investitionsverhalten an staatlichen Zielen zu orientieren und dabei Gesichtspunkte der Gewinnerwartung zurückzustellen. Die Entwicklung des Wirtschaftssystems in der Bundesrepublik nach 1950 hatte es mit sich gebracht, daß die Produktionsmittel doch im wesentlichen bei Großunternehmen konzentriert waren, sich machtstarke Oligopole herausgebildet hatten und man nicht davon sprechen konnte, daß der Preis sich als Ergebnis von Angebot und Nachfrage bildete. Die Wirtschaft war längst nicht mehr davon abhängig, wie sich die Nachfrage der Konsumenten entwickelte, ob sie etwa durch eine Veränderung der Steuerquote verstärkt wurde. Die großen Wirtschaftsverbände waren mittlerweile stark genug, die Preise weitgehend unabhängig von inländischer Nachfrage zu gestalten, solange sie in ausreichendem Maß existiert.

Trotzdem blieb das Wirtschaftssystem ungefährdet. Das Wirtschaftswunder in der Bundesrepublik, das nicht nur ständige Zunahme der Produktivität und der Unternehmergewinne bedeutet hatte, sondern auch für die Bevölkerung eine Ausdehnung ihres privaten Konsums mit sich brachte, was in der Alltagssprache als Wohlstand verstanden wird, hatte dieses System bestätigt. Dies und die Tatsache, daß es eigentlich bis auf das Jahr 1966, seit Mitte der 50er Jahre immer Vollbeschäftigung gab, hat zur Legitimation dieses wirtschaftlichen Systems beigetragen und es in der Gesellschaft der Bundesrepublik fest verankert.

8 Zwei Hemmschuhe: Außenwirtschaftliche Bedingungen und eigene Bürokratie

Zu diesen Besonderheiten der allgemeinen Rahmenbedingungen kam noch hinzu, daß das System der Tarifverhandlungen einerseits und auch die Möglichkeiten der staatlichen Bürokratie andererseits sich nicht in das System der Globalsteuerung ohne weiteres einfügen ließen. Die Tarifverhandlungen waren davon gekennzeichnet, daß die Gewerkschaften in schlechten Zeiten zu Tarifverträgen mit längeren Laufzeiten tendieren, was dazu führt, daß sie nicht rechtzeitig während des Aufschwungs die entsprechenden Löhne aushandeln können, sondern dieses immer erst dann erreichen, wenn die wirtschaftliche Entwicklung sich bereits wieder im Abschwung befindet. Die Jahre zwischen 1968 und 1970 sind ein typisches Beispiel dafür. Blieben 1968 die Löhne und Gehälter deutlich hinter den Gewinnen und

Vermögenserträgen zurück, so war es in den darauffolgenden zwei Jahren gerade umgekehrt, und insbesondere 1970 erreichten die Löhne und Gehälter eine bis dahin nicht bekannte Steigerung, während die Lage bei den Gewinnen und Vermögenserträgen bereits wieder durchschnittlich war. Dies führte zwar zu einer Umverteilung, d. h., der Anteil der Löhne und Gehälter am Volkseinkommen stieg in diesen Jahren und führte zu einer erhöhten Nachfrage, während der Anstieg der Produktivität, der sich durch neue technische Möglichkeiten ergab, gleichzeitig weniger Arbeitskräfte erforderlich machte. Auch dieser Vorgang erfolgte mit gewisser Verspätung, denn in der ersten Zeit des Abschwunges hielten die Unternehmen in der Hoffnung auf eine baldige erneute wirtschaftliche Steigerung an ihren Arbeitskräften fest.

Schließlich darf auch nicht unerwähnt bleiben, daß das bürokratische System zu schwerfällig war, um jeweils in kurzer Zeit auf konjunkturelle Notwendigkeiten zu reagieren. Die Einmannshow des Karl Schiller führte nicht ohne weiteres zu einer Flexibilisierung des bürokratischen Systems der Finanzpolitik. So passierte es, daß entsprechende Maßnahmen durch die staatliche Bürokratie erst in die Wege geleitet wurden, wenn sich die Situation schon wieder in ihr Gegenteil verkehrt hatte. Auch dies ist einer der Gründe für die dann eintretende Stagflation, denn wenn antizyklische Finanzpolitik nicht exakt die entsprechende Phase der wirtschaftlichen Entwicklung trifft, dann führt sie zu unerwünschten Ergebnissen. Wenn z. B. eine Maßnahme zur Steigerung der privaten Nachfrage erst dann wirkt, wenn es bereits aus anderen Gründen wieder zu einer Nachfragesteigerung gekommen ist und nun eigentlich eine bremsende Aktivität notwendig würde, dann wirkt die antizyklische Maßnahme gegensätzlich und produziert eine unerwünschte, folgenreiche Überhitzung der Konjunktur. Die Schwierigkeiten, auf die der Gedanke der Globalsteuerung stieß, hingen auch mit dem deutschen Haushaltsrecht und seiner relativ starren Bindung an das Haushaltsjahr zusammen.

Die mittelfristige, d. h. fünfjährige Finanzplanung konnte daran nur wenig ändern, denn die meisten Bestandteile des Haushalts sind jeweils bereits fixiert und oft durch gesetzliche Regelungen festgelegt, so daß nur ein geringer Teil des öffentlichen Haushaltes für Steuerungsmaßnahmen zur Verfügung stand. Dies führte dann wiederum zu einer erhöhten Kreditaufnahme durch die öffentliche Hand, was einerseits die Inflation steigerte und andererseits langfristige Probleme der Staatsverschuldung mit sich brachte.

Es ist relativ wahrscheinlich, daß das Scheitern der Schillerschen Wirtschaftspolitik in diesem Punkt auch ohne die Probleme eingetreten wäre, die durch die Veränderungen der außenwirtschaftlichen Rahmenbedingungen zustande kamen. So ist die Preisgestaltung großer internationaler Konzerne, zu denen auch die deutsche Großindustrie gehört, relativ unabhängig von Konjunkturentwicklungen; dies vor allem auch wegen ihrer internationalen Verflechtungen.

Aufgrund dieser Verflechtungen besteht zudem die Gefahr, Inflation zu importieren, wogegen die nationale Wirtschaftspolitik nur wenige Instrumente der Gegensteuerung hat. Es kam dann dazu, daß das internationale Währungssystem, das bis dahin den Dollar als Leitwährung kannte, völlig verfiel. Der Dollar löste sich im August 1971 zunächst von dem Goldstandard und wurde schließlich im März 1973 als Leitwährung abgesetzt. Hier spielten viele internationale Gegebenheiten eine Rolle, nicht zuletzt der vierte Nah-Ost-Krieg und die Politik der erdölproduzierenden und exportierenden Länder, die ab 1973 den Erdölpreis nach oben drückten, um auf diese Art und Weise einen Ausgleich ihrer steigenden Kosten für die Produktion des Öls zu bekommen. Gleichzeitig entdeckten die arabischen Staaten mit dem Öl eine Waffe im Kampf gegen Israel.

9 Die Reform der Wirtschaftspolitik ändert noch nicht das Wirtschaftssystem

Der sogenannte Erdölschock aus dem Jahre 1973 gehört heute zum Standardrepertoire der Erklärungen des Scheiterns der Wirtschaftspolitik, die mit Karl Schiller und seinen Neuerungen begonnen hatte. Es ist aber sehr fraglich, ob das Schicksal dieser modernen Wirtschaftspolitik einen wesentlich anderen Verlauf genommen hätte, wenn das internationale Währungssystem stabil geblieben wäre. Anders als in den gesellschaftlichen Entwicklungssträngen, die in den anderen Kapiteln diskutiert worden sind, waren nämlich die Veränderungen der Wirtschaftspolitik nicht getragen von einer breiten gesellschaftlichen Bewegung. Die Veränderungen betrafen zwar alle Bürger des Landes, aber die Entscheidungen über die Entwicklungen blieben doch relativ isoliert in den Händen weniger Großunternehmen und politischer Spitzenbeamter, eine Zusammenarbeit, die mit den Jahren immer enger wurde. Denn je mehr Überkapazitäten in der Industrie existierten, je höher die Arbeitslosenquoten wurden, um so stärker war der Druck der Industrie auf den Staat als Auftraggeber und damit eben auch auf die Wirtschaftsbürokratie, durch große, die Konjunktur ankurbelnde öffentliche Aufträge für den Abbau der Überkapazitäten zu sorgen und somit einen Beitrag zur wirtschaftlichen Gesundung zu leisten. Auch die ab Mitte der 70er Jahre praktizierte Wirtschaftspolitik, die nicht mehr nachfrage –, sondern zunehmend angebotsorientiert war, richtiger wäre wohl anbieterorientiert, hatte nicht den gewünschten Erfolg. Sie führte zwar zu einer Steigerung der Unternehmensgewinne, konnte aber die Arbeitslosigkeit nicht abbauen.

10 Die wirtschaftliche Entwicklung als Teil der Gesamtentwicklung

So können wir am Ende dieses Kapitels festhalten, daß die wirtschaftliche Entwicklung in der Bundesrepublik Deutschland in den 60er Jahren von einer Ausnahme abgesehen eine kontinuierlich positive Entwicklung nahm. Diese eine Ausnahme der Rezessionszeit 1966/67 führte im Zusammenhang mit der Ablösung der CDU/FDP-Regierung und dem Eintritt der SPD in eine Regierung mit der CDU zu einem sicherlich notwendigen Aufbruch in eine modernere, zukunftsorientierte Wirtschaftspolitik. Diese scheiterte schließlich, da sie die

Langfristigkeit der gesellschaftlichen Entwicklung nicht berücksichtigte. Da die Unterstützung durch eine breite gesellschaftliche Bewegung fehlte, konnten die notwendigen Impulse und Entwicklungsenergien nicht gewonnen werden. Wenn man mal von einer allgemeinen Modernitätseuphorie absieht, waren die Versuche, wenn schon nicht das Wirtschaftssystem, so doch wenigstens die Instrumente seiner Beeinflussung zu reformieren, relativ abgekoppelt von den anderen gesellschaftlichen Entwicklungssträngen.

Trotzdem hat die neue Wirtschaftspolitik indirekt mit dem Aufbruch in den anderen gesellschaftlichen Bereichen zu tun, denn was dort an neueren gesellschaftlichen Bewegungen entstand, wurde schließlich durch die Folgen der Wirtschaftspolitik in den 70er Jahren zum Teil aufgehalten und abgebremst. Die Finanzpolitik bzw. die Ausgabenpolitik des Bundes, der Länder und der Kommunen mußte sich mit den Jahren immer stärker an den Bedingungen der Wirtschaft orientieren. Sie konnte immer weniger Geld für Reformprojekte zur Verfügung stellen, sei es im Bereich der Bildung, sei es im Bereich der politischen Partizipation, sei es im Bereich des alltäglichen Lebens der Menschen in der Familie, in Organisationen und Gruppen. Es zeigt sich, daß die verschiedenen Entwicklungsstränge der Gesellschaft eben doch miteinander verflochten sind, auch wenn die Entwicklungsschritte nicht immer zeitgleich sind, sondern zu unterschiedlichen Zeiten erfolgen.

Daß der Aufbruch zu einer neuen Wirtschaftspolitik relativ späte Folgen hatte, könnte nun zu dem Mißverständnis verleiten, es sei eben doch immer die wirtschaftliche Entwicklung, die alles bestimmte. Daß dies nicht so ist, zeigen schon die langfristigen Veränderungen, die von den Aufbruchsituationen in den drei anderen Bereichen der gesellschaftlichen Entwicklung, die hier behandelt wurden, ausgegangen sind. Unter den Gesichtspunkten der Profitmaximierung eines kapitalistischen Systems hätten viele Demokratisierungsschritte, viele Veränderungen des Bildungssystems und auch die Individualisierung und Informalisierung des täglichen Lebens keine Chance gehabt. Daß die Reformen sich nicht in der Weise realisiert haben, wie ihre jeweiligen Protagonisten gehofft hatten, hängt andererseits aber auch damit zusammen, daß die wirtschaftliche Entwicklung, d. h. die Machtstrukturen des Wirtschaftssystems, eben nicht ausgeklammert werden kann, sondern daß sie auch zu dem Geflecht der Entwicklung dazugehört und – wenn auch verspätet – eine Wirkung hatte.

Epilog

Am letzten Sonntag im September 1969 fanden die Wahlen zum 6. Deutschen Bundestag statt. Bereits drei Tage später einigten sich SPD und FDP darauf, gemeinsam eine Regierung zu bilden und wählten dann am 21.Oktober Willy Brandt zum Bundeskanzler. Bei der Überreichung der Ernennungsurkunden sagte Bundespräsident Gustav Heinemann zu den neuen Bundesministern, daß auch ihnen, wie allen anderen Regierungen, eine demokratisch kontrollierte Macht auf Zeit anvertraut sei, und er forderte Willy Brandt und sein Kabinett auf: „Nutzen Sie diese Ihre Zeit."

Eine Woche nach der Wahl zum Bundeskanzler gab Willy Brandt vor dem Bundestag seine Regierungserklärung ab. Insgesamt stand seine Rede im Zeichen des Spannungsverhältnisses von Kontinuität und Erneuerung. Es liegt auf der Hand, daß nach 20 Jahren einer Politik, die eher an der Kontinuität einer Werthaltung orientiert war, deren Wurzeln bis in das vergangene Jahrhundert zurückreichten, vor allem die Ziele der Erneuerung in der Brandtschen Regierungserklärung besondere Aufmerksamkeit fanden. Die Erneuerung reichte von einer Wiederbelebung der erstarrten Ost- und Deutschlandpolitik über eine neue Finanz- und Steuerpolitik, die Reform des Wissenschafts- und Bildungssystems bis hin zur Demokratisierung des Alltags. Eine Stärkung des Demokratieprinzips und die Bereitschaft, solidarische Kritik zu akzeptieren, waren zwei weitere Schwerpunkte dieser vielbeachteten Rede vor dem Deutschen Bundestag. Sie war gewissermaßen ein Höhepunkt des Aufbruchs der Gesellschaft der Bundesrepublik in die Moderne. Es war nicht der Schlußstein einer Entwicklungsphase, sondern sollte ein erster Höhepunkt sein, wobei die Würdigung der Zeit der Kanzlerschaft Willy Brandts eben vor der Frage steht, was dann folgte, ob dies nicht nur der erste, sondern auch der letzte innenpolitische Höhepunkt war.

Betrachtet man die verschiedenen Verschiebungen in den Machtverhältnissen, die sich in den 60er Jahren herausbildeten, so kann man sehen, daß die Verringerung der Machtunterschiede zwischen Gruppen von Menschen und Menschen im einzelnen in der Gesetzgebung und der Politik der sozialliberalen Koalition ihren Niederschlag fand. Die Herabsetzung des Wahlalters, die Mitbestimmung, ein reformiertes Mietrecht, das dem Mieter mehr Rechte gab, dies sind einige ausgewählte Beispiele für eine ziemlich gründliche Reform der Strukturen des alltäglichen Zusammenlebens. Reformen, die bis in das Verhältnis der Ehepartner zueinander reichten.

Diese Reformen einzelner Lebensbereiche verblassen allerdings hinter den Ergebnissen der Außen- und insbesondere der Deutschlandpolitik, die Willy Brandt als Bundeskanzler entscheidend bestimmte. Diese Politik bekam nicht nur den ziemlich ungeteilten Beifall des Auslandes – daß Brandt den Friedensnobelpreis erhielt, war fast zwangsläufig –, sondern er fand auch im Inland für seine Politik der Öffnung und Versöhnung große Zustimmung. Eine Zustimmung, die weit in die anderen Parteien hineinreichte, nicht nur auf die eigene Anhängerschaft begrenzt war.

Ein Teil dieser Zustimmung hatte ganz sicher damit zu tun, daß seine Politik der Aussöhnung mit den Nachbarn im Osten und der Normalisierung im Verhältnis zur Deutschen Demokratischen Republik sehr vielen als politisch vernünftig galt, aber die breite Zustimmung, die Brandt damit fand, erklärt sich wohl nicht nur aus dieser Perspektive. Meines Erachtens war diese Politik der deutlichste Schritt in eine neue Zeit, weil er wie kein anderer das Ende der Nachkriegszeit und die Abkehr von der Politik Konrad Adenauers deutlich machte. Hinzu kam, daß der überraschenderweise nur von wenigen kritisierte Kniefall Willy Brandts am Mahnmal für die Opfer des Warschauer Ghettos die Bevölkerung wenn schon nicht auf Vergebung, so doch auf Verblassen der schrecklichen Taten des deutschen Faschismus hoffen ließ.

Wichtiger scheint mir allerdings das andere Motiv zu sein. Brandt erhielt für seine Außenpolitik eine euphorische Zustimmung, zu seiner Politik und zu seiner Person. Sicher hat sein Charisma als politischer Führer dabei eine Rolle gespielt, und er wußte dies auch einzusetzen, aber mit der neuen Ost- und Deutschlandpolitik löste er sichtbarer als mit den Reformen im Detail das Wahlversprechen ein, mit dem die Sozialdemokraten in den Wahlkampf 1969 gezogen waren: Wir schaffen das moderne Deutschland. Gerade weil vor allem die Deutschlandpolitik, aber auch das Verhältnis zu Polen und der Sowjetunion in konservativ-starren Bahnen verlief und von den gesellschaftlichen Bewegungen der 60er Jahre kaum berührt worden war, hatte die rasche Änderung dieses prestigereichen Teils der deutschen Politik besondere Signalwirkung. Mit der außen- und deutschlandpolitischen Erneuerung verband sich die Hoffnung auf die endgültige Trennung von dem politischen Stil der Adenauerzeit, dessen Ursprünge bis in das Kaiserreich zurückreichten, und auf die überfällige Abkehr von einer Politik, die insgesamt als altmodisch und wenig zukunfts-orientiert empfunden wurde.

Daß es trotzdem Diskrepanzen in der Beurteilung der Erfolge der Reformpolitik gibt, hängt damit zusammen, daß es in der Regierungszeit von Willy Brandt nicht gelang, den veränderten Machtverhältnissen zwischen Regierten und Regierenden, d. h. den größeren Ansprüchen der Regierten gerecht zu werden, nicht nur alle 4 Jahre an der Vorbereitung der politischen Beschlüsse beteiligt zu werden. Dies ist ein Problem, das nicht nur in bezug auf die Bundespolitik, sondern auch auf Landes- und Gemeindeebene auftrat. Es gab zwar zunächst durchaus Ansätze, die dann aber zum Teil unter dem Einfluß von Helmut Schmidt, der 1974 nach dem Rücktritt von Willy Brandt Bundeskanzler wurde, aus übergeordneten Gesichtspunkten, den sogenannten Sachzwängen, und das heißt nichts anderes als aus dem Blickwinkel der Regierenden, wieder zurückgenommen wurden. Es gibt hier eine Reihe von Beispielen, ein typisches ist das Städtebauförderungsgesetz (StBauFG).

Dieses 1971 im Bundestag beschlossene Gesetz griff einerseits langjährige Planungen für ein Gesetz auf, das städtebauliche Sanierungen erleichtern sollte, andererseits hatte es eindeutig Reformanteile, die vorher nicht Gegenstand der Gesetzesberatungen gewesen waren. Drei wichtige Erneuerungen sind besonders hervorzuheben. Erstmals wurden in einem Gesetz auch die soziale Dimension der Planung als integraler Bestandteil des Gesamtverfahrens bezeichnet und entsprechende Planungsschritte vorgeschrieben. Ebenfalls erstmals in einem Baugesetz wurden neben den Eigentümern auch die anderen Beteiligten, vor allem die Mieter und Pächter mit einem Anspruch auf Beteiligung und rechtliches Gehör versehen. Schließlich wurde drittens auch noch eine Mitwirkung der Betroffenen im Rahmen einer Erörterung vorgeschrieben. Es waren eigentlich genau die Punkte, die man im Rahmen einer Reformpolitik erwarten konnte. Es fand dann zwar eine umfangreiche Diskussion zwischen Verwaltungsfachleuten, Planern und Sozialwissenschaftlern darüber statt, wie diese Paragraphen auszulegen waren und welchen Stellenwert sie im Hinblick auf optimale Ziele hätten, aber daß das StBauFG ein erster Schritt zu einer Modernisierung des gesamten Städtebaurechts war, wurde nicht bestritten.

Das Schicksal des StBauFG ist deshalb so typisch für die Reformpolitik der sozialliberalen Koalition, weil diesem ersten großen Schritt nach vorn kein zweiter in dieselbe Richtung folgte, sondern ein paar kleine Schritte rückwärts.

Weder erfüllten sich Hoffnungen einer umfassenden Mitwirkung der Betroffenen, die soziale Dimension und die Ansprüche der Mieter und Pächter in erweiterter Form in die Novelle zum Bundesbaugesetz einzubringen, noch kam es zur Entwicklung notwendiger Partizipationsstrukturen in den Sanierungsgebieten. Das reformierte Bundesbaugesetz, das 1977 in Kraft trat, bekam als Reformteil den Paragraphen 2.a, der zwar noch eine Bürgerbeteiligung vorsah, die aber weit hinter den Ansätzen des StBauFG zurückblieb. Im Rahmen einer sogenannten „Beschleunigungsnovelle" wurde das Gesetz 1979 dann noch etwas stromlinienförmiger im Hinblick auf den schnelleren Umsatz der Investitions- bzw. Subventionsmittel gemacht.

Das StBauFG und seine weitere Geschichte ist auch deshalb ein zutreffendes Beispiel für die Ergebnisse der sozialliberalen Reformpolitik, als man hier deutlich erkennen kann, daß ein Rückfall in die ursprünglichen Verhältnisse aber nicht mehr möglich war. Bei aller Kritik an den Einschränkungen und Halbherzigkeiten der dem StBauFG folgenden Baugesetzgebung muß man doch festhalten, daß eine Veränderung eintrat, die nur zu einem gewissen Maß wieder rückgängig gemacht werden konnte. Die Reformpolitik, die sich an den Veränderungen der 60er Jahre und an den Notwendigkeiten einer modernen demokratischen Politik orientierte, war nicht ohne Wirkung, aber sie hatte nicht die Ergebnisse, die viele Menschen, insbesondere der jüngeren Generation, angesichts der Aufbruchstimmung der 60er Jahre erwartet hatten. Allerdings ist dies nicht nur ein Problem der jüngeren Generation gewesen, sondern in allen sozialen Schichten und Altersstufen nahm mit den Jahren die Enttäuschung darüber zu, daß das mutige und richtige Ziel, „Demokratie zu wagen", durch die Bedenklichkeit der Regierenden und durch manche Angst um traditionelle Pfründen immer mehr verkleinert wurde und dem Schwung der ersten Jahre langsam die Luft ausging.

So klaffte bald zwischen den Mitgestaltungswünschen eines größeren Teils der Bevölkerung und ihren tatsächlichen Möglichkeiten eine immer größere Lücke. Während sich im Verhältnis der sozialen Gruppen zueinander die Verringerung der Machtunterschiede wenigstens teilweise – vom Industriebetrieb bis zur Schule – niederschlugen, blieben die Entscheidungen von zentraler gesellschaftlicher Bedeutung der Mitwirkung und Mitgestaltung der Bürger außerhalb der Wahltermine entzogen.

Bei den Reaktionen auf die Nichterfüllung der Ansprüche vieler Individuen auf Machtteilhabe kann man zwei Richtungen unterscheiden. Die eine ist gekennzeichnet durch den privatistischen Rückzug aus politischer Teilnahme mit einem relativ breiten Spektrum an Konsumorientierung, wobei die Ausprägungen von der Idylle der Kleinfamilie über alternativ-ländliche Gemeinschaftsexperimente bis hin zu den aufstiegsorientierten „young urban professionals" reichen. Die Theorien des Wertewandels und der postmateriellen Gesellschaft behalten nur so lange ihre Brillanz, als ihre Daten nicht auf die Aufbruchstimmung und die ihr folgende Enttäuschung bezogen werden.

Die zweite Art der Reaktion bestand darin, sich in die Wir-Perspektive von Bügerinitiativen zu begeben. Diese zunächst lokal-spontan entstandenen Zusammenschlüsse gegen nicht einsichtige Planungseingriffe in die privaten Lebensbereiche entwickelten sich nach einiger Zeit auf überörtliche Organisationen hin. Das Ergebnis war z. B. der „Bundesverband Bürgerinitiativen Umweltschutz" (BBU), der nach wie vor einerseits aus lokalen und regionalen Aktionsgruppen besteht, die aber auch bundesweite Aktionen organisieren. In diesem Zusammenhang ist zu beachten, daß neben den Widerstand gegen Ansprüche des Staates, die dem funktionalen Verständnis des notwendigen Maßes an Unterordnung und staatlicher Reglementierung nicht mehr entsprechen, auch inhaltliche Fragen traten, insbesondere in den Fällen, bei denen den Angaben und Erklärungen der Politiker und Bürokraten aus guten Gründen nicht geglaubt wurde. In diesem Zusammenhang ist es kein Wunder, daß neben dem Kampf gegen Aufrüstung insbesondere die Kritik an der Nutzung der Atomenergie sowie Probleme des Umweltschutzes im Mittelpunkt der Bürgerinitiativen standen und stehen, die sich überregional organisiert haben. Es handelt sich bei den beiden letzten um Bereiche, die bisher am wenigsten gesellschaftlich koordiniert worden waren und daher nicht zufällig technische Effizienz und technische Produktivitätsansprüche in einem Maß in den Vordergrund stellten, das nach den gesellschaftlichen Entwicklungen der 60er Jahre in der Bundesrepublik nicht mehr ohne weiteres realisierbar war.

Hinzu kam, daß sich das Machtverhältnis zwischen den Regierenden und den Regierten unter Bundeskanzler Helmut Schmidt und seiner an Sachwissen und Entscheidungsfreude orientierten Amtsführung wieder zugunsten der Regierenden zu verschieben schien, was den Alternativbewegungen Auftrieb gab und zum zunehmenden Erfolg der Grünen bei den Wahlen beitrug. Der Weg von der Solidarität gegenüber Kritik bei Willy Brandt zu der auf Effizienz getrimmten Kanzlerdemokratie des Helmut Schmidt führte aber auch dazu, daß immer mehr Bürger die Lücke, die sie zwischen ihren individuellen Wünschen auf Mitgestaltung und Mitwirkung und den tatsächlichen Möglichkeiten erlebten, durch aktive oder passive Unterstützung von Alternativbewegungen oder auch durch Wahlverzicht ausfüllten.

Ein Resümee zu Mitte der 8oer Jahre kann nicht umhin festzustellen, daß der Schwung des Aufbruchs der 6oer Jahre sich zumindest in drei großen Bewegungen erhalten hat: in der der Frauen, in der für den Frieden und in der für die Erhaltung der Umwelt. Das Besondere des Aufbruchs in den 6oer Jahren, nämlich die Einbeziehung eines großen Teils der Bevölkerung in gesellschaftliche Fortschritte, ist heute die Basis dieser großen Bewegungen. Eine Grundlage, die mit demokratischen Mitteln nicht mehr zu zerstören ist und deren Entwicklungsrichtung auch nicht mehr rückwärts in die Zeit vor den 6oer Jahren umgekehrt werden kann. Diese großen Volksbewegungen sind der sichtbare Ausdruck jener Veränderungen des gesellschaftlichen und politischen Lebens, die wir schon gar nicht mehr bewußt wahrnehmen, weil sie längst zur Normalität unseres moderner gewordenen Alltags gehören.

Nachbemerkungen und bibliographische Hinweise

1. Ich bin vielen Kolleginnen und Kollegen für Rat und Kritik dankbar. Hervorheben will ich Annette Treibel, die wie schon des öfteren meine Textproduktion effektiv unterstützt hat, sowie meinen Athener Freund Klaus Betzen, der mir auf einem unserer langen Spaziergänge in Attika von der Frühzeit der Bildungsreform berichtet und den Gesamttext kritisch durchgesehen hat. Schließlich muß auch Ulrike Aden genannt werden, die in gewohnter Professionalität meine Entwürfe – ich habe eine schwer lesbare Handschrift – getippt hat.

2. Im Einleitungskapitel habe ich begründet, warum ich im Text auf den bei wissenschaftlichen Veröffentlichungen üblichen Apparat von Zitaten, Literaturhinweisen und Quellenangaben verzichtet habe. Die dem Essay hier folgenden bibliographischen Notierungen verfolgen einen doppelten Zweck. Erstens geben sie Fundstellen an, denen ich Zahlen, Zitate und Argumente entnommen habe. Zweitens sollen sie ein Selbststudium erlauben.

Die Darstellung und Interpretation, die ich hier zu den Entwicklungen in den 60er Jahren vorgenommen habe, erhebt keinen Anspruch auf abschließende, gesetzesartige Form, bei aller Überzeugung ihrer Schlüssigkeit. Sie ist ein Beitrag zum Diskurs über eine bestimmte Zeitspanne unserer gesellschaftlichen Entwicklung und tritt in Konkurrenz zu anderen Darstellungen. Sie unternimmt aber nicht den Versuch, eventuell vorhandene andere Positionen ebenfalls zu formulieren und so die Geschlossenheit der eigenen Argumentation von vornherein aufzubrechen und ihr damit die Chance einer Wirkung im Diskurs mit diesen anderen Positionen zu nehmen. Es gibt hierüber unterschiedliche Auffassungen, die sich auch in den noch nicht sehr zahlreichen Veröffentlichungen zu den 60er Jahren und manchmal auch in Rezensionen offen ausdrücken. So kritisiert Wolfgang *Jacobsmeyer* in einer Besprechung in der Zeitschrift „Parlament" (Ausgabe vom 12.3.1986 auf Seite 15), daß das von Helmut *Kistler* herausgegebene Buch „Bundesdeutsche Geschichte. Die Entwicklung der Bundesrepublik seit 1945" (Verlag Bonn Aktuell, 1986) eine geschlossene Erklärungsperspektive gewählt habe, was durch „die Hereinnahme auch anderer Deutungen hätte aufgebrochen werden sollen". Das ist nichts anderes als die Aufforderung, die eigene, mit guten Gründen erarbeitete Position zu zerbrechen. Das Ergebnis wäre ein konturenloser Eklektizismus, der zwar zu dem Zustand bundesdeutscher Politik ganz gut paßt, aber zu einem erhellenden, aufklärenden Diskurs nicht beiträgt, ihn eher verhindert. Außerdem sind solche Darstellungen langweilig.

Helmut *Kistler* hat vor den jüngst erfolgten Veröffentlichungen kürzere Arbeiten für die Bundeszentrale für politische Bildung geschrieben, die mir bei den Vorbereitungen geholfen haben. (Informationen zur politischen Bildung: Nr. 176: „Die Bundesrepublik 1955-1966", sowie die Nr. 191, die die Zeit von 1966-1974 behandelt.)

3. Neben diesen Texten habe ich eine Reihe von Jahrbüchern, Berichten und Sammelbänden bei der Vorbereitung benutzt. So „Die Bundesrepublik Deutschland. Geschichte in 3 Bänden", die Wolfgang *Benz* 1983 im Fischer-Taschenbuchverlag herausgegeben hat. Hier habe ich vor allem den Band II. Gesellschaft herangezogen. Der Band „Die 60er Jahre" der Bertelsmann-Lexikothek bringt zwar eine Fülle von Fakten, bleibt aber an der Oberfläche und verhilft nur scheinbar zu Wissen. Anders ist dies bei Arnulf *Barings* „Machtwechsel: Die Ära Brandt/Scheel" (Stuttgart 1982), wo den politischen Ereignissen gesellschaftliche Entwicklungen zugeordnet werden. Ähnliches gilt für die in England erschienene Darstellung von Volker *Berghahn* „Modern Germany" (Cambridge University Press, 1982).

Chronologische Darstellungen gibt es kaum. Ich habe die vom Presse- und Informationsamt der Bundesregierung in der Reihe Bonner Almanach herausgegebene „Zeittafel 1949-1969" zu Rate gezogen, deren Datenauswahl aber nicht immer einsichtig war. Hilfreicher als die Zeittafel waren zwei Veröffentlichungen von Sozialwissenschaftlern. Einmal die 8. Auflage der „Sozialkunde der Bundesrepublik" von D. *Claessens,* A. *Klönne* und A. *Tschoepe* (Diederichs, Düsseldorf/Köln 1978) und Bernhard *Schäfers* „Sozialstruktur und Wandel der Bundesrepublik Deutschland" (Enke, Stuttgart 1976). Statistische Angaben finden sich in Werner *Voss:* „Die Bundesrepublik Deutschland, Daten und Analysen" (2. Auflage, Kohlhammer, Stuttgart, 1981).

Schließlich ist noch auf einige Quellenbücher unterschiedlicher Provenienz hinzuweisen: Dokumente zur „Deutschen Geschichte 1962-1983" hat Irmgard *Wilharm* in zwei Bänden im Fischer-Taschenbuch-Verlag 1985 herausgegeben. Ganz anders als diese Textsammlung, aber nicht weniger informativ, ist das zunächst 1984 bei Elefantenpress in Berlin und dann 1986 bei Rowohlt erschienene Bilder-Lesebuch „Che-Scha-Shit. Die 60er Jahre zwischen >Cocktail und Molotow<", das ich vor allem für den I. Teil herangezogen habe. Auch der Katalog der Ausstellung „Schock und Schöpfung. Jugendästhetik im 20. Jahrhundert", den der Deutsche Werkbund und der Württembergische Kunstverein 1986 bei Luchterhand herausgegeben haben, enthält neben Aufsätzen zu einzelnen Entwicklungslinien einen Abschnitt über die 60er Jahre. Schließlich sei noch auf das Buch „Heute und die dreißig Jahre davor" hingewiesen, in dem Rosemarie *Wildemuth* Erzählungen, Gedichte und Kommentare seit 1949 zusammengefaßt hat (Ellemann, München, 1979).

Eine Geschichtsschreibung besonderer Art bietet die Auswahl von „Ersten Seiten" der Frankfurter Allgemeinen Zeitung. Es liegen zwei Faksimile-Bände vor (Band I 1949-1967, Band II 1968-1980), erschienen 1981 bei DVA. Gleiches gilt für die im Register des Nachrichtenmagazins DER SPIEGEL aufgelisteten Titelgeschichten. Beide Quellen habe ich genutzt.

5. Neben diesen allgemeinen Hinweisen sind noch Angaben zu der Literatur notwendig, die ich für einzelne Abschnitte des Essays benutzt habe.

Prolog

Die Geschichte des Verhältnisses von militärischer und ziviler Führung der Streitkräfte ist Gegenstand eines Kapitels in Martin und Sylvia *Greiffenhagen:* „Ein schwieriges Vaterland. Zur politischen Kultur Deutschlands", München 1979. Die Zitate von Roon und Seeckt finden sich dort auf den S. 283/284.

Einleitung

Das Thema Engagement und Distanzierung behandelt Norbert *Elias* in seinem gleichnamigen Buch, das bei Suhrkamp erschienen ist.

Auguste Comtes Arbeitszimmer ist beschrieben in Wolf *Lepenies:* „Die drei Kulturen, Soziologie zwischen Literatur und Wissenschaft", Hanser, München 1985.

Die langfristigen sozio-genetischen und psycho-genetischen Prozesse als Teil der gesellschaftlichen Entwicklung hat grundlegend und wegweisend untersucht: Norbert *Elias* „Über den Prozeß der Zivilisation" (zwei Bände, Suhrkamp 1976).

Teil I

Das Erhard-Zitat im Abschnitt 7.2 zur formierten Gesellschaft stammt aus seiner Rede „Eine gesunde Wirtschaft dient allen heute und in Zukunft" vor dem Wirtschaftstag der CDU/CSU in Düsseldorf am 9.7.1965. Die Rede ist in langen Auszügen dokumentiert bei *Wilharm* a.a.O., S. 93f.

I.4

Der Aufsatz „Unser Auschwitz" von Martin *Walser* findet sich im Kursbuch 1 des Jahres 1965.

Das Zitat von Karl *Jaspers* ist aus seiner Streitschrift „Wohin treibt die Bundesrepublik?", die DER SPIEGEL in Auszügen druckte (hier Nr. 19/1966, S. 98).

1.6

Hinzuweisen ist auf die Analyse von *Bergmann, Dutschke, Lefèvre* und *Rabehl:* „Die Rebellion der Studenten oder die neue Opposition", 1968 bei rororo aktuell erschienen, außerdem auf die informative Dokumentation von Flugblättern aus den Jahren 1965 bis 1971, die Jürgen *Miermeister* und Jochen *Staadt* mit dem Titel „Provokationen" bei der Sammlung Luchterhand 1980 herausgegeben haben.

Michael *Rutschkys* „Erinnerungen an die Gesellschaftskritik" finden sich in einer Sammlung verschiedener Beiträge, die er 1984 in dem Suhrkamp Taschenbuch 1025 unter dem Titel „Zur Ethnographie des Inlandes" veröffentlicht hat.

I.7

Die beiden zentralen Arbeiten von Herbert *Marcuse* sind: „Triebstruktur und Gesellschaft", 1966 im Suhrkamp Verlag erschienen, und „Der eindimensionale Mensch", 1967 als Band 40 der Soziologischen Texte des Luchterhand Verlages.

Teil II
II. 1

Zentral für das Thema ist Georg *Picht:* „Die deutsche Bildungskatastrophe, Analyse und Dokumentation" (Walter, Olten/Freiburg, 1964). Wichtig war damals das ZEIT-Buch von Ralf *Dahrendorf* „Bildung ist

Bürgerrecht, Plädoyer für eine aktive Bildungspolitik" (Nannen, Osnabrück 1965).

II. 2:

Zur „Bildungsforschung" hat Hellmut *Becker* für Meyers Enzyklopädisches Lexikon einen zusammenfassenden Artikel geschrieben (Band 4, 1972., S. 199 f.). Zur Notwendigkeit der Bildungsforschung siehe auch Ralf *Dahrendorf:* Arbeiterkinder an deutschen Universitäten. Tübingen 1965.

Eine klassische Studie wurde von Hansgert *Peisert* und Ralf *Dahrendorf herausgegeben:* „Der vorzeitige Abgang vom Gymnasium in Baden-Württemberg, 1953-1963". Diese Studie ist in der Schriftenreihe des Kultusministeriums Baden-Württemberg zur Bildungsforschung, Bildungsplanung und Bildungspolitik 1967 erschienen. Ein Resümee von Bildungsforschung und Bildungspolitik hat die Projektgruppe Bildungsbericht am Max-Planck-Institut für Bildungsforschung in zwei Bänden mit dem Titel „Bildung in der Bundesrepublik Deutschland. Daten und Analysen" vorgelegt (Rowohlt, Reinbek 1980).

Den „Numerus clausus als Element gesellschaftlicher Prozesse" hat Elke *Korte* untersucht (N. G. Fischer, Frankfurt 1983). Eine Kurzfassung ist in der Zeitschrift Gegenwartskunde, in Heft 1/1984 ab S. 25 f. erschienen.

II. 6:

Die sozialen Folgen der Gastarbeiterpolitik sowie Forschungsmaterialien zu einzelnen Problembereichen finden sich in Hermann *Korte* und Alfred *Schmidt:* „Migration und ihre sozialen Folgen. Förderung der Gastarbeiterforschung durch die Stiftung Volkswagenwerk 1974-1981" (Vandenhoek und Ruprecht, Göttingen 1983).

Teil III
III.1

Zur Geschichte der Bevölkerungsentwicklung in der Bundesrepublik siehe meinen Beitrag in *Benz*, a.a.O., Bd. II, S. 13-34.

III.4

Zur Situation in den Familien in der Nachkriegszeit haben Sibylle *Meyer* und Eva *Schulze* zwei Bände mit Interviews und Texten veröffentlicht. 1984 „Wie wir das alles geschafft haben" und 1985 „Von Liebe sprach damals keiner", beide im Beck Verlag, München.

III.6

Cas *Wouters* hat zu der Problematik einen wichtigen Aufsatz mit dem Thema „Informalisierung und der Prozeß der Zivilisation" in den Materialien zu Norbert Elias' Zivilisationstheorie veröffentlicht (Suhrkamp Taschenbücher Wissenschaft 233, Frankfurt/M. 1977/79), S. 279-298.

Neben Günther *Amendts* „Sexfron(t)" im März Verlag sei auf das Kapitel: „Identitäterä oder Glaub ja nicht, wer Du bist" in: Cora *Stephans* Buch: „Ganz entspannt im Supermarkt, Liebe und Leben im ausgehenden 20. Jahrhundert" (Rotbuch, Berlin 1985) hingewiesen. Die Überschrift zum Kapitel III.7 ist ein (etwas abgewandeltes) Zitat von S. 45.

III.9

Ein sehr wichtiges Buch für die Kinderladenbewegung war Alexander Sutherland *Neill:* Theorie und Praxis der antiautoritären Erziehung. Das Beispiel Summerhill. Reinbek bei Hamburg 1969. Weitere Einzelheiten bei H. J. *Breiteneicher* u. a. (Hg.): Kinderläden. Revolution der

Erziehung oder Erziehung zur Revolution, ro-ro-ro-aktuell, Reinbek bei Hamburg 1971.

Teil IV

Zur weiteren Information über die wirtschaftspolitischen Diskussionen und die ökonomischen Entwicklungen in den 60er Jahren sei auf drei Veröffentlichungen hingewiesen, die die Thematik unterschiedlich behandeln.

Die offizielle Darstellung ist die des *Sachverständigenrates* zur Begutachtung der gesamtwirtschaftlichen Entwicklung. Wichtig vor allem das Jahresgutachten 1967/68: „Stabilität und Wachstum".

Informativer, da didaktisch aufbereitet, ist ein Sachbuch, das Heinrich von *Bernewitz* herausgegeben hat: „Wirtschaft und Politik verstehen. Didaktisches Sachbuch zur Vorgeschichte und Geschichte der Bundesrepublik" (Rowohlt, Reinbek 1978).

Gleiches gilt für eine Veröffentlichung der Landeszentrale für politische Bildungsarbeit Berlin: „Aktuelle Probleme des Wachstums und der Konjunktur" (Politik in Schaubildern, Heft 4, Berlin 1973)

Epilog

Die Bedeutung des Städtebauförderungsgesetzes als Teil der Reformpolitik habe ich ausführlich dargestellt in meinem Buch: „Stadtsoziologie. Forschungsprobleme und Forschungsergebnisse der 70er Jahre", das 1986 bei der Wissenschaftlichen Buchgesellschaft Darmstadt erschienen ist; dort auch weitere Materialien zu Bürgerinitiativen und Partizipationsansätzen.

Die anschauliche Einführung in die Soziologie

> von Armin Nassehi!

Armin Nassehi
Soziologie
Zehn einführende
Vorlesungen
2008. 207 S. Geb. EUR 16,90
ISBN 978-3-531-15433-6

Erhältlich im Buchhandel
oder beim Verlag.
Änderungen vorbehalten.
Stand: Januar 2009.

Der Inhalt: Was ist Soziologie? Oder: Über die Schwierigkeit einer Einführung – Handlung, Kommunikation, Praxis – Lebenswelt, Sinn, Soziale Rolle, Habitus – Interaktion, Netzwerk – Organisation – Gesellschaft – Individuum, Individualität, Individualisierung – Kultur – Soziale Ungleichheit, Macht, Herrschaft – Wissen, Wissenschaft – Anhang: Anmerkungen und weiterführende Literatur

Dieses Buch soll anders sein. Es führt in den soziologischen Blick und in die wichtigsten soziologischen Grundbegriffe ein, ohne aber in lexikalischer Genauigkeit, definitorischer Schärfe und simulierter Neutralität soziologische Sätze in Stein zu meißeln.

Eher von leichter Hand wird versucht, der Soziologie und der Erarbeitung ihres spezifischen Blicks über die Schulter zu schauen. Das Buch erzählt eine Geschichte, die Geschichte von Herrn A, einem Banker, der in Liebesdingen und in seinem Beruf Einiges erlebt. An dieser Geschichte wird der soziologische Blick praktisch, gewissermaßen empirisch, eher kurzweilig eingeübt.

Das Buch richtet sich nicht nur an Studierende der Soziologie, sondern auch an all jene, die einen Blick in ein Labor soziologischen Denkens wagen wollen.

www.vs-verlag.de

VS VERLAG FÜR SOZIALWISSENSCHAFTEN

Abraham-Lincoln-Straße 46
65189 Wiesbaden
Tel. 0611.7878-722
Fax 0611.7878-400

Wirtschaftssoziologie: Der Stand der Forschung

> Die umfassende Übersicht über das Forschungsfeld

Andrea Maurer (Hrsg.)
Handbuch der Wirtschaftssoziologie
2008. 465 S. (Wirtschaft und Gesellschaft) Geb. EUR 34,90
ISBN 978-3-531-15259-2

Der Inhalt: Soziologie der Wirtschaft – Sozial- und gesellschaftstheoretische Zugänge – Institutionen der Wirtschaft – Wirtschaft in gesellschaftstheoretischer Perspektive

Das Handbuch der Wirtschaftssoziologie vermittelt soziologische Zugangsweisen zur Wirtschaft und demonstriert die Leistungskraft soziologischer Erklärungen und Analysen wirtschaftlicher Beziehungen, Institutionen und Strukturen.
Im deutschen Sprachraum hat trotz der Tradition sozio-ökonomischer Analysen und des wieder erwachten Interesses der Soziologie an wirtschaftlichen Phänomenen eine umfassende Übersicht über das Forschungsfeld bislang gefehlt.

Das Handbuch der Wirtschaftssoziologie schließt diese Lücke und präsentiert einen fundierten Überblick über die klassischen Grundlagen, die gegenwärtigen Theorieangebote und aktuelle Studien.

Erhältlich im Buchhandel oder beim Verlag.
Änderungen vorbehalten.
Stand: Januar 2009.

www.vs-verlag.de

VS VERLAG FÜR SOZIALWISSENSCHAFTEN

Abraham-Lincoln-Straße 46
65189 Wiesbaden
Tel. 0611.7878-722
Fax 0611.7878-400

MIX
Papier aus verantwortungsvollen Quellen
Paper from responsible sources
FSC® C105338

If you have any concerns about our products,
you can contact us on
ProductSafety@springernature.com

In case Publisher is established outside the EU,
the EU authorized representative is:
**Springer Nature Customer Service Center GmbH
Europaplatz 3, 69115 Heidelberg, Germany**

Printed by Libri Plureos GmbH
in Hamburg, Germany